カワイイ文化と
テクノロジーの
隠れた関係

横幹〈知の統合〉シリーズ
編集委員会 編

東京電機大学出版局

横幹〈知の統合〉シリーズの刊行によせて

　〈知の統合〉は，分野を横断する科学技術を軸に，広範囲の学術分野が連携して，人間・社会の課題に取り組んでいこうとする活動のキーワードです．横断型基幹科学技術研究団体連合（略称：横幹連合）の主要な活動を表すキーワードでもあります．

　横幹連合は，文理にわたる学会の連合体です．そこでの活動では，「横断型の基幹科学技術とは何か」，「どのような課題に向けて取り組んでいこうというのか」，「どのようにして課題解決をはかろうというのか」が問題となります．この三つをつなぐキーワードが〈知の統合〉です．

　「知」は科学技術という形で積み上げられ，それぞれの個別分野を形作り，それぞれが対応する人間・社会の課題を解決してきました．では，現代の人間・社会における課題に取り組むとき，なぜ〈知の統合〉がキーワードとなるのでしょうか．これが，本シリーズのテーマです．

　科学技術では，それぞれの分野が対象とする守備範囲が，時代を経て，だんだん小さいものになっています．いわゆる科学技術の細分化です．これは，個別の科学技術の深化にともなっての成り行きです．一方，個別の科学技術が関わらなければならないそれぞれの問題の範囲は，だんだん大きくなっています．人間・社会での課題が複雑化し，いろいろな問題が相互に関連し始めた結果です．

　個別の科学のほうの対象範囲がだんだん小さくなって，一方で扱うべき問題の範囲がだんだん大きくなって，どこかで交差して，対応すべき個別科学が破綻をして，そして，科学の再構築が行われてきました．これが，歴史上の「科学革命」です．

　17世紀の第一の科学革命では，物理，化学（の原型）が，対象としていた自

然現象を説明しきれなくなって破綻して，数学の力を借りた科学の再構造化という革命をもたらしました．19世紀の第二の科学革命では，それまでは"術"であった工学や生産の科学がものの加工，すなわち物質の変化を説明できなくなり，また，破綻しました．20世紀の第三の革命では，広い意味での経営や最適化，すなわちシステムを扱う科学技術が実社会の動きの仕組みを説明できなくなり破綻して，革命をもたらし，情報を軸にした新しい科学を生み出しました．

　おそらく21世紀では，環境問題も含めて，人間の生活に伴う，一見ばらばらに見えるあまりに多様な諸問題を，多様な科学が個別に対応しようとし，そして破綻を迎えつつあるように思えます．それに対抗するには，幅広いさまざまな分野が，その垣根を越えて横に手を結ぶということが重要です．しかし，そこでは，手を結ぶことによって協働で共通課題を解決するということ以上のものを志向することが大切です．

　すなわち，科学技術を寄せ集めても本質的な解決には至らないからです．ここに，課題解決型の活動の落とし穴があるように思えます．多様な諸問題の根底にあるものを見据えるための科学の創生が必要なのです．それは，細分化された知を統合する「新しい知の創生」，すなわち，「統合知」の創生です．

　それとともに，「知を利用するための知」の確立と整備も併せて志向することが重要です．

　やがて，人間・社会・環境を扱う科学（技術）にとって，第四の科学革命が必然になります．そこでの科学技術の再構築を担うのは，この「知を利用する知」としての機能を内包する科学を基盤とした，人間や社会の課題の根底を見通すための〈知の統合〉です．

　本シリーズでは，それぞれ，現代の人間・社会の課題を見据えたうえでの，〈知の統合〉のあり方を具体的に論じます．本シリーズを通して，身近な科学技術が現代の人間・社会の新しい問題に対応して，21世紀の今後どのように展開していくのかを，読み取っていただければ幸いです．

横断型基幹科学技術研究団体連合
会長　出口光一郎

はじめに

　本書は,「カワイイ」という感性的価値の意味を, 研究者の視点で, 分野を超えて, 正面から捉えようとしたものである.

　「カワイイ」をテーマにした本です, と言うと,「それはおもしろそうですね」とか,「最近の流行りですよね」などという反応が返ってくることが多い. しかし, 本書は表層的な流行を追おうとするものではない. 必ずしも正統的とみなされていない, ポピュラーな価値だからといって, 真面目に検討するに値しないものとみなすのは, 学問の怠慢とさえいえる.

　「正統的」とみなされている文化は, すでに理論化されているかもしれないが, 反面, いままさに活き活きと動き, 瞬間ごとに変化し, だからこそ人びとを引きつけているポピュラー・カルチャーに比べて, そこから人びとが感じ取っている「価値」のダイナミズムは弱まっている. もしわれわれが, 社会のダイナミズムとメカニズムの実態に迫ろうとするのなら, まさに「カワイイ」に代表される, ポピュラーな感性的価値を, システマティックに理解する必要がある. 本書はそれを目標として, 学問領域の枠を超えて, 一流の研究者たちが「カワイイ」価値に真摯に向き合った成果である.

本書の構成

　本書は, 次のような多様な論文から構成されている.

　第1章「なぜいま,「カワイイ」が人びとを引きつけるのか？——「カワイイ」美学の歴史的系譜とグローバル世界」（遠藤薫）は, 古代から現代に至るまで, 日本文化が「カワイイ」という価値に寄せる志向性とその変遷を追いながら,「カワイイ」価値への志向がいかなる社会的意義を持っているのかを明らかにしようとする. それとともに,「カワイイ」価値は, 決して日本文化の内部に閉じたも

のではなく，むしろ海外文化との相互作用のなかで時代に応じて変化してきた．だからこそ，現代のグローバル世界において，「カワイイ」価値を正当に評価することが必要なのである，と論じている．

　第2章「「かわいい」の系統的研究——工学からのアプローチ」（大倉典子）は，一転して，「カワイイ」価値を，意味論的にではなく，外部的に計測しようとする．「カワイイ」のような感性的価値は，人の感性という曖昧で，不確かな，客観的には捉えがたいものと考えられてきた．しかし，従来のものつくりの価値観である性能・信頼性・価格に加え，感性を第4の価値として認識しようという国の取組みも始まったことから，日本生まれのデジタルコンテンツの人気の大きな要因として，高度できめ細やかな技術力とともに，キャラクターなどの「かわいさ」に着目し，これを系統的に解析した研究である．

　第3章「絵双紙から漫画・アニメ・ライトノベルまで——日常性の再構築のメディアとしての日本型コンテンツ」（出口弘）は，「日常性」を相対化しつつ様々な形で再構成する日本のコンテンツの作品群を，広義の日常系として捉え，その特色が江戸期あるいはそれ以前にまで遡ると指摘する．地球社会の多くの人びとは，いまだに「神」という名の物語，あるいはその名の下で語られる規範性の強い物語にとらわれている．しかし，「カワイイ」には包摂も過剰包摂もなく，それぞれの「カワイイ」があるにすぎない．日常性のコンテクストにおける規範の相対化が「カワイイ」の本質であると論じている．

　第4章「カワイイと地元経済——ローカル・キャラクターの経済効果」（田中秀幸）は，近年，全国的，または世界的なキャラクターと肩を並べるほどの人気を集める地元のキャラクターが，その地方のシンボルとなり得る特徴的な記号をモチーフにして，多くはカワイイことが特徴であると指摘する．また，それらは地元のマスコットなどとして活躍することで，地方を活性化することが期待されている．この章では，経済的側面に焦点をあてて，これらのかわいいキャラクターの経済活性化への寄与について分析する．

　第5章「かわいいとインタラクティブ・メディア」（武田博直）は，エンタテインメント産業からの報告である．著者は，アミューズメントセンターなどに設置されている業務用ゲーム機のうち，KR-I仕様のゲーム機が，これまでに多く

の女性たちの「なりたい自分になる」願望などをかなえてきたと指摘する．さらに著者は，このような技術が，男性の，要介護者のための介護技術にも，応用できると主張している．

第6章「複製技術と歌う身体——子ども文化から見た近代日本のメディア変容」（周東美材）は，近代日本社会における音響の複製技術が，「カワイイ」歌声を生み出すようになっていったプロセスについて，童謡を主たる事例としながら考察する．日本型の近代家族において顕著な特徴となっている子ども中心主義は，レコードという新たなテクノロジーが社会的に受容され，独自のポピュラー音楽を花開かせていく基本的な要因となったと論じている．

各章の相互関係マップ

これらの各章は，それぞれに独自の視点から「カワイイ」価値を論じている．しかし，決してそれぞれが孤立したものではなく，相互に関連し合い，有機的につながって，全体として，「カワイイ」価値を総合的に描き出すものとなっている．そこにまさに，「横断型基幹科学技術研究」の醍醐味がある．

各章相互の関係をマップ化すると下図のようになる．この地図を片手に，興味を持ったところから「カワイイ」価値をめぐる冒険の旅に出ていただければ幸いである．

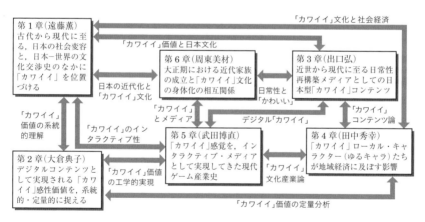

2016年1月

横幹〈知の統合〉シリーズ編集委員会

委員長　遠藤　薫

目 次

第1章 なぜいま,「カワイイ」が人びとを引きつけるのか？
—「カワイイ」美学の歴史的系譜とグローバル世界 …… 遠藤　薫
1. 「カワイイ」ということ——その社会的価値を考える　*1*
2. 「カワイイ」という思想　*4*
3. 「カワイイ」と文化変容　*8*
4. 「カワイイ」と近代化のなかの異文化交流　*11*
5. 「カワイイ」の現代的意義　*14*
6. 「カワイイ」は「cool」か？——関わり合いの美学　*15*

第2章 「かわいい」の系統的研究
—工学からのアプローチ ……………………………… 大倉　典子
1. はじめに　*17*
2. 文化論的な先行研究の調査　*18*
3. かわいい色や形についての実験　*19*
4. バーチャル空間を用いたかわいい色や形の実験　*19*
5. かわいい質感に関する実験　*21*
6. かわいい感と生体信号との関係に関する実験　*27*
7. まとめ　*29*

第3章　絵双紙から漫画・アニメ・ライトノベルまで
　　　──日常性の再構築のメディアとしての日本型コンテンツ ……出口　弘
　　1．複製メディアとしての日本型コンテンツ　*33*
　　2．物語の描かれ方とその場　*35*
　　3．日常性の再構築のメディアとしての物語　*37*
　　4．日本における日常性のメディアとしての漫画　*39*
　　5．日常性の再構築と神々の再構築　*44*

第4章　カワイイと地元経済
　　　──ローカル・キャラクターの経済効果 ……………田中　秀幸
　　1．はじめに　*49*
　　2．ローカル・キャラクターの実態　*50*
　　3．ローカル・キャラクターが経済的にもたらすもの　*53*
　　4．ローカル・キャラクター導入地域の経済効果の検証　*56*
　　5．まとめ　*61*

第5章　かわいいとインタラクティブ・メディア …………武田　博直
　　1．はじめに　*63*
　　2．「アミューズメントセンター」に女性がやってきた時代　*65*
　　3．そしてトレンドは，郊外型施設・複合型施設・テーマパークに向かう　*68*
　　4．「インタラクティブ」って何？　*72*
　　5．結論とあとがき　*74*

第6章　複製技術と歌う身体
　　　──子ども文化から見た近代日本のメディア変容 ………周東　美材
　　1．はじめに　*77*
　　2．家庭とレコード　*79*
　　3．「アイドル」としての童謡歌手　*82*

目次　*vii*

4.「カワイイ」歌声はどのように生まれたか　*87*
    5. おわりに　*88*

あとがき………………………………………………………… *90*
注　　　　　………………………………………………………… *92*
参考文献………………………………………………………… *100*
索　　引………………………………………………………… *107*
編著者紹介……………………………………………………… *110*

第1章

なぜいま,「カワイイ」が人びとを引きつけるのか?
――「カワイイ」美学の歴史的系譜とグローバル世界

遠藤 薫

1. 「カワイイ」ということ――その社会的価値を考える

「カワイイ」文化への注目

　日本発「カワイイ」文化に注目が集まっている.

　海外でも,ハローキティやポケモンなど,日本発の「カワイイ」キャラクターが人気を集めている.原宿などを歩いている少女たちのファッションが「カワイイ」と,若くて人気のある外国のアーティストたちが競ってやってくる.

　多くの人が,幼児体型のキャラクターたちや,POPなファッションで歌い踊るアイドルたちや,無防備な小動物たちを見ては「カワイイー!」と叫び,駆け寄る.

　試みに,Google Trends[1]で"kawaii"のグローバルなネット空間における人気度を測定した結果が図1-1である.これによれば,"kawaii"という言葉は,2004年以降,右肩上がりに人気度(検索量)を高めている.2004年1月と2016年1月(集計途中)を比べると,約5倍になっている(2011年には,オックスフォード辞典にも"kawaii"が掲載された).

　もちろん,"kawaii"は日本以外の国にとっては外来語であり,例えば英語の感性的な形容詞の方が多く使われている.図1-2は,ネット上での

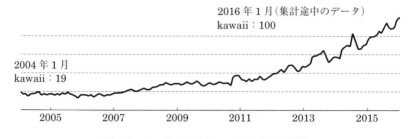

図 1-1 ネット上での "kawaii" の人気度推移
（すべての国，2004 年 1 月～2016 年 1 月 29 日，Google Trends 使用）

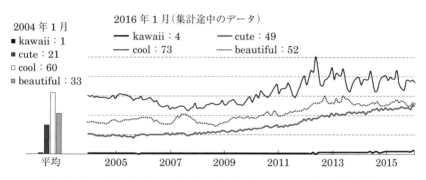

図 1-2 ネット上での "kawaii"，"cute"，"cool"，"beautiful" の人気度推移
（すべての国，2004 年 1 月～2016 年 1 月 29 日，Google Trends 使用）

図 1-3 ネット上での「かわいい」「かっこいい」「素敵」「きれい」「美しい」の人気度推移
（日本，2004 年 1 月～2016 年 1 月 29 日，Google Trends 使用）

"kawaii"，"cute"，"cool"，"beautiful" の人気度推移を Google Trends で測定した結果である．グローバル空間では，この四つの言葉のなかでは，"cool" という形容詞がもっともポピュラーであることがわかる．それに続くのが "beautiful" である．"cute" はさらにその下で，"kawaii" は大きく引き離されている．とはいうものの，この期間（とくに 2008 年頃以降）ほぼ横ばいであるのに対して，2004 年 1 月から 2016 年 1 月の間に，"kawaii" は約 5 倍，"kawaii" の類語である "cute" も約 2 倍に増えている．また，以前は "cute" を圧していた "beautiful" を，2015 年末頃から "cute" が追い越そうとしている．"kawaii" 的価値が世界のなかで評価を高めていることの表れともいえる．

日本における「かわいい」の位置

　日本語の「かわいい」についても見ておこう．図 1-3 は，ネット上での「かわいい」「かっこいい」「素敵」「きれい」「美しい」の人気度推移を，Google Trends を使って測定した結果である．これによれば，日本でも，他の感性形容詞に比べ，「かわいい」の人気が大きく高まっていることがわかる．しかも，興味深いのは，グローバル世界において，"cute" は必ずしも上位に位置づけられる形容詞ではなかった（図 1-2）が，日本では，「かわいい」が他の形容詞を大きく引き離している（図 1-3）ことである．すなわち，グローバル世界に比べて，日本では「かわいい」的価値が，他の価値よりも高く評価される傾向があることの表れといえよう．

「カワイイ」を考えることの意義

　「カワイイ」の何が人びとをそれほど引きつけているのか．
　とはいえ，そんな問いは無意味だと思う人もいるだろう．「カワイイ」といった感性的価値は，単なる表層的な感覚，社会や人生に重大な意味を持たない残余的な事柄と扱われがちである．しかし，遠藤[1]は，社会情報学の立場から，「情報」を「状況を変化させる動因」として捉え，感性的価値もそのような意味での「情報」の一種として理解する．そしてその視座から，感性的（文化

図1-4 文化的価値の構成要素

的）価値は，社会的価値（社会を束ね，つなぐ機能），経済的価値，アウラ的価値（人びとの情動に訴え，創造性を引き出す機能）[2]の三つから構成されると分析した（図1-4）．本稿でその詳細に立ち入ることはできないが，日本の「カワイイ」文化の系譜をたどりつつ，グローバリゼーション時代におけるその社会的意義について考えてみたい．

2. 「カワイイ」という思想

「可愛い」と「美しい」

「カワイイ」とは，いうまでもなく，「幼児のような愛くるしさ，守ってあげたいと思わせるような，人を引きつける魅力」を意味する「可愛い」の現代的表記である．

だから，「なぜ人はカワイイものを好むのか？」と質問すると，「それはカワイイからでしょう？」との答えが返ってくることも多い．しかしそれではトートロジー（同義語反復）にしかならない．

「可愛い」を好む心性は日本では古くから見られる．

例えば，清少納言の『枕草子』（第151段）[2]には，「うつくしきもの．瓜にかぎたるちごの顔．すずめの子の，ねず鳴きするに踊り来る．二つ三つばかりなるちごの，急ぎてはひくる道に，いと小さきちりのありけるを目ざとに見つけて，いとをかしげなる指にとらへて，大人などに見せたる．いとうつくし．頭は尼そぎなるちごの，目に髪のおほえるをかきはやらで，うちかたぶきてものなど見たるも，うつくし」という描写があって，「可愛さ」というものが端的に，的確に捉えられている．現代であっても，こんな情景を動画に撮って，動画サイトに投稿すれば，あっという間に膨大なアクセスを得るだろう．

またこの文章で興味深いのは，現在であれば「可愛い」と表現するような情景を，「うつくし」という形容詞で語っている点である．言葉の意味の時

代的変化を考慮するとしても，日本の古い時代において，「うつくしい」という感性的価値は，「かわいい」という感性的価値と密接に関連していたと考えられる．

「可愛い」と「cute」——「弱さ」へのまなざし

オックスフォード辞典によれば，「kawaii」とは，「(In the context of Japanese popular culture) cute」[3]である．「cute」もまた，オックスフォード辞典によれば「Attractive in a pretty or endearing way」（愛らしく，人を引きつける様子）という意味である．たしかに，「可愛い」＝「cute」のようにも見える．

しかし，辞書をよく読むと，「可愛い」と「cute」の違いも見えてくる．「cute」は，18世紀頃に，「acute」（鋭い，利口な，抜け目ない）という言葉の短縮形として生まれたという．一方，「可愛い」には，「かわいそう，不憫」という意味もある．

つまり，「cute」があくまでポジティブな特性と考えられているのに対して，「可愛い」には，ポジティブな意味とネガティブな意味の両方が含まれていると言える．あるいは，「弱くてかわいそう，不憫」という特性にもポジティブな意味を見いだしていると言った方がよいかもしれない．

それは，日本文化の特徴としてつとに指摘される，「未完の美」の思想と深くかかわっている．

鎌倉時代末期を生きた兼好法師は，『徒然草』（第82段）[3]で「すべて，何も皆，事のととのほりたるは悪しきことなり．し残したるを，さてうち置

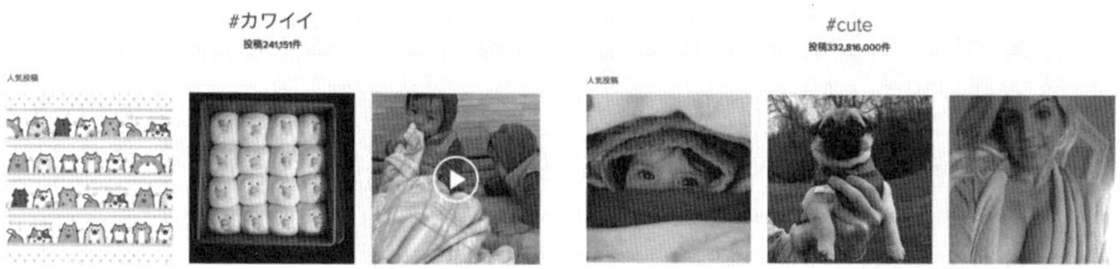

図1-5 Instagramにおけるハッシュタグ#カワイイと#cuteの人気投稿[4]（「カワイイ」と「cute」の，「子どもや動物によく関連づけられる」という類似性と「まなざしの強弱」という差異性が端的に表れている）（2016.2.25閲覧）

きたるは，おもしろく，生き延ぶるわざなり」と書き，明治期岡倉天心は『茶の本』[4]で，「茶道の要義は「不完全なもの」を崇拝するにある．いわゆる人生というこの不可解なもののうちに，何か可能なものを成就しようとするやさしい企てであるから．」と主張している．谷崎潤一郎もまた『陰翳礼讃』[5]で，日本では光でさえ「浅く冴えたものよりも沈んだ翳りのあるもの」が好まれると述べている．

外来文化の日本化 ──「哀しみ」の美学

日本文化における「可愛い」への志向は，外来文化の受容プロセスにも表れる．

例えば，現代に至るまで多くの人びとに愛されている日本の古代美術として，興福寺の阿修羅像（図 1-6）が挙げられる．

阿修羅の源流は人類史の源まで遡る．インド・アーリア人の聖典である『リグ・ヴェーダ』では，神々（デーヴァ）に敵対するものたちをアスラと呼んだ．ヒンドゥー教の叙事詩『マハーバーラタ』では，アスラは神々に闘いを挑み，敗れた魔神とされた．さらに仏教の『観音経』では，「阿修羅は怒り狂った青黒い三つの顔を持ち，裸で六手，二足」という恐ろしい姿の神となる．日本でも，このような憤怒の形相をした阿修羅の図像は多い．

図 1-6　興福寺の阿修羅像[5]

しかし，興福寺の阿修羅像はそうではない．その身体は少年のように細くはかなげで，その表情は，怒りというより哀しみをこらえているようだ．この阿修羅像は，力によって仏敵を倒そうとするのではなく，仏に敵対する相手の心に寄りそい，その哀しみを共有しているかのようだ．そしてそのような心のあり方こそが，「可愛い」の核となる美学ではないか．

当時のグローバル文化としての仏教が日本に伝来したのは，6 世紀半ばの飛鳥時代とされる．興福寺の前身が建立されたのは 7 世紀，現在の地に建立されたのは平城遷都（710 年）からまもなくのことと伝えられる．阿修羅

像の日本化は，伝来から遠く離れない時期に生じたといってよい（ちなみに，阿修羅像は，奈良時代初期につくられた乾漆八部衆立像のうちの一体であるが，この八体の像はいずれも阿修羅像と同様の哀しみに満ちた表情をしており，阿修羅のみが特異であるわけではない）．「可愛い」は「可哀そう」と通じ合うのである．

「醜」「悪」をも包摂する「可愛い」

「哀しみ」や「弱さ」に寄りそう美学は，醜さや「悪」をも許容する．

例えば，阿修羅と同じく興福寺に安置された平安初期の傑作としてよく知られているのが，四天王像である．憤怒の表情，盛り上がった筋肉，はためく衣など，ダイナミックな造形は息をのむ迫力に満ちている．

しかし，四天王像が人びとを引きつけるのは，四天王だけでなく，四天王に踏みつけられている邪鬼たちの「可愛さ」にもよっている．彼らが「敵」なのか「悔い改めた部下」なのかについては諸説あるようだが，いずれにせよ，彼らは醜く，惨めで，滑稽でさえある．だが，そのみっともない姿を，人びとは，むしろ愛おしく感じてきた．現在のブログを見ても，邪気に対する共感を語るものはかなりの数に上る．

また，邪鬼への共感は，興福寺の四天王に踏みつけられたものに限るわけではない．他の寺院，他の造形においても，こうした，醜く，恐ろしく，みっともなく，滑稽な存在に愛着を感じる心性は，時代を超えて観察されるのである．

それはまた，「善人なおもて往生す．いわんや悪人をや」（親鸞）との言葉に現れる悪人正機説にも通じる感性であるかもしれない．そして，悪人正機説を前面に打ち立てた浄土真宗が現代日本でも最大の寺院数，信徒数を誇っていること，しかも，邪鬼に親しみを感じる心性がさらに古い時代に遡ることを考えると，醜さや「悪」——いわば「異質性」や「対抗性」をも愛しさの中に包みこもうとする感覚は，日本というローカリティの基層を貫く感覚と言ってよいだろう．

3. 「カワイイ」と文化変容

江戸期における「可愛い」芸術

江戸初期に始まった大津絵は，このような感覚をより明瞭に打ち出したものと言えよう．大津絵は，無名の画工たちによって描かれ，また印刷されて，街道の土産物として安価で売られた絵である．図 1-7 に示したのは「鬼の念仏」という代表的な画題である．見てわかるとおり，大津絵は，豪華さや独創性や写実性とは縁遠い．むしろ一見稚拙で，意味のわからない，しかも限定された画題の大量生産品である．道中の無事や病気治癒などのお守り的な役割も担っていた．近代的な「芸術」観からはほど遠い作品群といえる[6]．

しかし，巧まずしてにじみ出るユーモア，鋭い批評，そして隠された画工たちの技量は，禅画や俳画と通じるとともに，その後，浮世絵の発展の礎ともなった．柳宗悦は，大津絵を「民画」として高く評価した．現代のヘタウマ絵やカワイイ・マンガにも，その感覚は継承されている．

図 1-7　大津絵（鬼の念仏）
（出典：『大津絵』国立国会図書館蔵[7]）

図 1-8　大津絵を売る大津宿の店
（出典：『東海道名所図会』[8]）

今日に続く「可愛い」キャラクターの登場

江戸期も半ばを過ぎると，「可愛い」は，より日常的になり，今日的な「カワイイ」に近くなる．

300 年にわたって続いた徳川体制は，全国の交通網を整備し，物流を活発

化し，初期資本主義を発展させるとともに，それ以前にはない都市的ライフスタイルを民衆レベルにまで浸透させていった．

そのような社会変容を代表する文化的意匠としてここに取り上げたいのは，「招き猫」である．招き猫とは，よく知られているように，片手を上に挙げた猫の像で，商売繁盛，招福のキャラクターとして現代でも親しまれている．

ただしその人気とは裏腹に，招き猫の由来や起源は十分解明されていない．江戸時代に始まったものだろうと推測はされているが，発祥については，台東区の今戸神社，世田谷区の豪徳寺，京都の伏見稲荷大社など様々な説があり，確定されていない．

しかし，伏見稲荷大社の参道の古い土産物店の店先を見ると，そこには，ある通時的に家族的類似性の系譜と時代的変容の交差するスキーマが浮かび上がってくる．

伏見稲荷大社は，江戸期，「火事 喧嘩 伊勢屋 稲荷に犬の糞」といった地口が落語の枕でも使われたほど多かった稲荷神社の総本社である．稲荷神は，しばしば狐と混同され，伏見稲荷の参道でも狐をかたどった置物が多数売られていた．その中心をなすのが，稲荷社では狛犬の代わりに神使として置かれる一対の神狐の像である．つい最近まで，各家庭の神棚に稲荷神を祭るのはふつうに行われていた風習であり，「お稲荷さん」と親しみをこめて呼ばれた神狐の置物は見慣れた存在であった．

この稲荷神は，本来，農業の神として祭られていたが，祖先を祭る屋敷神でもあり，都市部では，商業神とも，花柳界の神とも祭られている（「神」というものが原理的に「生産」を司ることからくる意味的派生と考えられる）．

神狐の置物は前足を挙げているものが多い（それは，狛犬などより一般的な神使，神獣とも共通する仕草である）．そして，前足を挙げた狐をふっくらさせれば，次第に招き猫に近づいていくのも明らかである（招き猫には右手を挙げたタイプと左手を挙げたタイプがあり，それぞれに意味づけがされているが，本来，左右一対であったと考える方が納得しやすい．また反対に，土産物店で聞いたところでは，「願掛け狐」という，狐が一匹だけの置物もあるという）．

こうしてみれば，招き猫とは，神狐から派生したもの，柳田國男の用語を借りれば「零落した」[6]前代信仰（神使）である蓋然性は高い．それは，神の「可愛い」化，キャラクター化の進行とも言え，日本において西欧に先駆けて宗教の世俗化が進んだための現象でもある．

同時期，猫の庶民レベルでのペット化が進行したことも無関係ではあるまい．

猫は，古い時代に中国から日本に渡来したものと考えられている．鼠を獲る習性から，農業や養蚕業にとって重要な益獣とされ，高価な値段で取り引きされた．地方によっては神として祭られている例もある（狐もまた，鼠を獲る益獣と考えられていた．油揚を稲荷と呼ぶことがあるが，これは俗説のように「狐が油揚を好き」だからではなく，油揚が，「狐の好きな獣肉」のもどき料理だからであるという説もある．ただし，狐は野生であったが，猫は当初から家畜であった）．

しかし，江戸時代になると次第に愛玩動物として一般家庭でも飼われることが多くなり，「可愛い」ものの代表ともなった（ネットにおける猫動画のバイラル性（伝染性，流行性）の高さは，現代，グローバルな空間においても，猫がカワイイものの代表であることを示している）．すなわち，この時代，猫という動物自体が，「神」から「可愛い」化したのである．

端的にまとめれば，近世における宗教の世俗化（「狐」の「猫」化）と生活の都市化（狐／猫の「機能」から猫の「愛玩」化）という二つの流れの交差するところに，「招き猫」という「カワイイ」キャラクターが誕生したのである[7]．

伏見稲荷の現在

図1-9は，伏見稲荷大社参道の土産物店の店頭であるが，本来の神狐を駆逐するばかりに各種の招き猫が並べられている．間に，福助や福娘という，これもまた江戸期を起源とするといわれるものの由来が明確でない縁起物がまじっている（おそらくこれも，招き猫と類似の流れの中で生まれたと推測される）．（伏見は，そもそも，伏見人形と呼ばれる土人形の産地でもあった．東京で招き猫の起源を名乗る今戸神社周辺は，伏見焼とよく似た今戸焼とい

図 1-9　伏見稲荷大社参道の土産物店（遠藤撮影，2014.9.19）

う焼き物の産地であり，今戸人形と呼ばれる土人形を作っている）．

　さらには，ハローキティの袋物や，アニメ絵の描かれた通行手形も並んでいる．近年，伏見稲荷は，『いなり，こんこん，恋いろは．』というコミック／アニメの舞台となり，若い人びとの聖地巡礼の場として賑わっているのである．また，「トリップアドバイザー」による 2014，2015 年の「外国人に人気の日本の観光スポット」調査で 1 位に選ばれた[9]．こうした現象も，グローバルな「カワイイ」文化のあり方に関してきわめて示唆的である．

　そして招き猫は，今日でも日本の中で日常的なカワイイ・キャラクターとして親しまれているばかりでなく，アジア圏はもとより，欧米諸国でも，カワイイ，ラッキー・ゴッドとして幅広い人気を獲得しているのである．

4. 「カワイイ」と近代化のなかの異文化交流

大正期文化運動とジャポニズム——東西文化のハイブリッド

　だが先を急がず，時間の流れをたどろう．

　江戸から明治に変わると，大量の西欧文化が日本に流入した．日本の社会は欧米の意匠を積極的に摂取し，とくに新たに台頭した中間層は洋風の生活スタイルを積極的に取り入れた．鈴木三重吉，北原白秋，野口雨情らによる童謡運動は，まさにこうした「新しい家族」に受け入れられた（遠藤[1]，本書第 6 章など）．そして，そこから生まれた表象は，当時グローバルな文

化運動として広がっていたドイツロマン主義の影響を色濃く受けつつ,第2節で見た「不完全性の美学」と融合した独特の雰囲気を醸し出すものとなった.竹久夢二らを典型とする大正美術が,現代の「カワイイ」文化の源流であることはいうまでもない.

その一方,しばしば忘れられがちであるが,浮世絵をはじめとして,日本からも大量の作品が海外に流出していった.それらは,ゴッホや印象派の人びとに大きな影響を与え,ジャポニズムと呼ばれる広汎な文化運動を引き起こした.ジャポニズムは,装飾芸術や商業芸術として,アール・ヌーボー,アール・デコの運動へと展開した.そして,日本では,これらジャポニズムから生まれた芸術運動に刺激されて,大正ロマンと総称される文化運動が盛んになり,先に挙げた,現代の「カワイイ」文化の源流とみなされる作品群が生み出されたのである.

すなわち,この時期,西欧文化の日本化と,日本文化の西欧化という双方向的変容——文化の再帰的自己／相互創出が,ウロボロスのように入れ子状に反復循環的に起こったのである.現代的「カワイイ」はそこから生まれた.

キューピーの世界的流行と日本化

そのプロセスについては,すでに拙著[8][9]でも数々の例を挙げて論じている.ここでは「キューピー」[10]について改めて簡単にその受容と変容のプロセスを提示しておこう.

「キューピー」は,現代日本においても,各種ご当地「キューピー」など様々なかたちで人気のあるカワイイ・キャラクターである(図1-10).しかしながら,このキャラクターがアメリカのイラストレーター,ローズ・オニールが1909年に発表したイラストをオリジナルとしていることは現在ではあまり知られていない.当時,オニールのキューピーは世界的な大ヒットとなった.キューピーは日本にもすぐに伝わり,広告や童謡などに取り入れられ,大人気を博した.また,セルロイドのキューピー人形は,当時の日本の重要な輸出品ともなった.キューピーは,しだいに,むしろ日本発祥のキャラクターのように,日本社会に定着していったのである.

図 1-10 招き猫キューピーと伏見稲荷キューピー

キューピーとディズニーと日本のカワイイ文化

　海外では，キューピー・ブームは早々に去った．代わって，キューピーの世界観を継承したともみえる，ディズニー・キャラクターたちが登場し，現代に至るまで世界的人気をむしろますます高めている．ディズニー作品もまた，日本のコミックやアニメなどのカワイイ作品群に多大の影響を及ぼしていることはいうまでもない．

　その一方，キューピー・イラストの原作者であるオニールには，「リトル・ブッダ」という作品群もある．つまり彼女の創作活動は，欧米文化をベースにすると同時に，東洋文化（当時のオリエンタリズムあるいはジャポニズム）の影響も受けていたと言える．

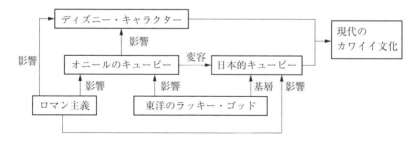

図 1-11 キューピーと現代カワイイ文化に見る東西文化の交流

4.「カワイイ」と近代化のなかの異文化交流　13

キューピーが，またディズニーが日本で高い人気を誇っているのは，そこに，こうした東西文化の融合が表象されているためとも考えられるのである．また反対に，現代日本のカワイイ文化が欧米の人びとにも支持されるのは，それが，欧米文化の要素をも内包しているからであると考えられる．
　こうした影響／受容のプロセスを図化したのが，図 1-11 である．

5. 「カワイイ」の現代的意義

　それにしても，現代日本で，「カワイイ」は歴史上かつてないほど注目されているように感じられる．もちろん，いま「カワイイ！」と叫んでいる人びとは，そんな「可愛い」の美学を考えて言っているわけではない．とはいえ，子どもの落書きのような二頭身キャラクターたちは，やはり，どこか，あどけなく，はかなげな哀しみを漂わせている．
　しかも，現代の「カワイイ文化」は，単に「日本的」であることを超えて，グローバルな世界で受け入れられつつある．
　その理由の一つは，前節に示したように，「カワイイ文化」が実は日本文化と欧米文化の反復的な交配種であるという事実である．いいかえれば，「カワイイ」文化は，異なる社会をつなぐハブとなりえるのである．
　同時にもう一つの理由を忘れてはならない．18 世紀頃から急進展した西欧近代は，唯一絶対の真理を追求し，最適化，最大化をどこまでも実現しようとしてきた．強い者，優れた者だけが評価され，弱い者，劣った者は排除されて当然という意識が，現代ではグローバルな規模で広がっている．
　だが，多くの人間は，心のなかに弱さを隠し持っている．誰もが強く，優れているわけではない．誰もがいつも同じものを良しとするわけでも，同じことを正しいと考えるわけではない．人は不完全で多義的である．その弱さや矛盾を，叱咤ではなく，ありのままに共感し，愛しんでくれるような存在を，現代人は切実に求めているのではないか．
　それは，現代哲学で注目される「弱い思考」が，「形而上学が科学主義的で技術主義的な成果をあげるなかで置き忘れてしまった…（中略）…痕跡や

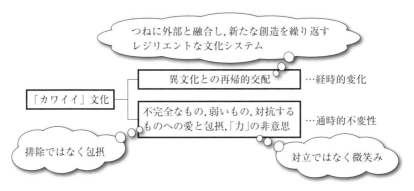

図 1-12　カワイイ文化の基層とダイナミズム

記憶としての存在，あるいは使い古され弱体化してしまった…（中略）…存在に新たに出会うための方途として理解」[11]しようとする志向性とも共振する．

「カワイイ」への人びとの熱狂は，現代に潜在するそのような社会関係への希求を顕在化しているのである．

図1-12は，そのような「カワイイ」文化の重層的ダイナミズムを表したものである．これを踏まえるならば，「カワイイ文化」をさらに育てるは，一方で積極的に異文化との交配に挑戦すると同時に，他方で，「不完全性」「弱さ」「哀しみ」「悪」をも内部に包含する「可愛い」の美学を貫くことが重要である．それによって，「カワイイ」文化はその魅力と価値をこれまで以上に高く評価され，理解されるはずである．

6. 「カワイイ」は「cool」か？――関わり合いの美学

近年，「カワイイ」文化を，「クール・ジャパン」の名の下に積極的にグローバル市場へ売り出そうという動きがある．

しかし，「カワイイ」は「cool」なのだろうか？

「クール」という言葉を，単純に「かっこいい」「エッジの効いた」「卓越した」

という意味で使うなら,「カワイイ」は「cool」ではない.すでに第2節で見てきたように,「カワイイ」という価値は,むしろ,未熟さや稚拙さをいとおしみ,醜さや敵対性をも包摂しようとする心構えの中にあるのであり,上記のような優越性とはむしろ対局にあるものだからである.そうした意味を理解せずに,単に「人気がある」ということで「クール・ジャパン」を名乗るなら,むしろ「カワイイ」の真価を見失わせることになる.

だが,「cool」という言葉を別の意味で使ったメディア論者がいる.「メディアはメッセージである」というテーゼでも知られるマーシャル・マクルーハン[12]である.彼は,様々なメディアを,ホット・メディアとクール・メディアとに分類してみせた.彼の定義に従えば,「ホット」とは,高精細度で(情報量が多く),完成度が高く,オーディエンスを受動的な立場に置くようなメディアを指す.一方,「クール」とは,低精細度で(情報量が少なく),完成度が低く,その結果,オーディエンス自身がそのメディア(作品)にコミットし,補完することで初めて成立するようなメディアのことである.

「カワイイ」とは,まさにマクルーハンのいうような意味での「クール・メディア」である.「カワイイ」とは,それ自体で自律的に存在する価値ではなく,人びとがそこに主体的に関わり,コミットし,自己を投企することで初めて生成される価値なのである.「カワイイ」のこのような「クール」さを,世界の人びととともに享受するならば,「カワイイ」はまさにその真価を発揮するだろう.

第2章

「かわいい」の系統的研究
―― 工学からのアプローチ

大倉 典子

1. はじめに

　コンピュータやインターネットなどの情報通信基盤が整備された21世紀の高度情報化社会において，日本生まれのゲーム・マンガやアニメーションなどのいわゆるデジタルコンテンツが世界中に広がっている．一方，従来のものつくりの価値観である性能・信頼性・価格に加え，感性を第4の価値として認識しようという国の取組みも開始された[1]．感性工学を研究している筆者らは，日本生まれのデジタルコンテンツの人気の大きな要因として，高度できめ細やかな技術力と共に，キャラクターなどの「かわいさ」が挙げられると考え，将来の人工物の感性価値としての「かわいい」に着目し，これを系統的に解析する研究を開始した．
　ここでは，これまでに行った以下の研究について，次節より概説する．
- 文化論的な先行研究の調査
- かわいい色や形についての実験
- バーチャル空間を用いたかわいい色や形の実験
- かわいい質感に関する実験
- かわいい感と生体信号の関係に関する実験

2. 文化論的な先行研究の調査

　現在すでに，ハローキティやポケモンなどの日本のかわいいキャラクターが世界中を席捲し，また2006年1月1日の朝日新聞によれば，日本語の"kawaii"はもはや国際語となっている．さらに，ピンク色のデジカメやまるいフォルムのプリンタなども時折販売されている．しかしこれらはデザイナーの暗黙知，女子高生へのアンケート調査，カリスマモデルの好みなどをアドホックに利用した結果であり，これまでに人工物に対する「かわいい」という価値観を系統的に構成しようとした例はなかった．

　日本のゲームやアニメーションの人気キャラクターの重要な要素として，「かわいさ」より「かっこよさ」をまず思い浮かべる方も多いだろう．しかしこの「かっこよさ」は日本独自あるいは日本発の感性的な価値観ではなく，欧米の工業製品には日本製品より洗練された「かっこよさ」や「スマートさ」を有するものも多い．これに対し，「かわいい」は日本発の感性的な価値観である．

　これまでに，文化論的な先行研究を調査した結果，以下が明らかになった．
- 日本において，現在の「かわいい」という価値に関する記述の起源は，『枕草子』の第151段「うつくしきもの」にあると言われている[2]．著者である清少納言は，ここでその例として，瓜に歯を立てている子どもの顔や雀の雛のしぐさや木の葉や壺を挙げている[3]．
- 清少納言は木の葉や壺もかわいいものの例として挙げているが，形容詞の「かわいい」により修飾される対象の多くは，女性や子どもや小動物に限定されている．
- 最近の「かわいい」に関する研究としては，四方田犬彦の『かわいい論』[2]やアメリカのジャーナリストによるハローキティに関する著作[4]，イギリスの女性研究者による日本文化論[5]などがあり，これらにおいて，「かわいい」について以下の共通認識がある．
  - 日本発の感性的な価値である．
  - 「愛くるしい」「愛すべき」「魅力的な」などの前向き（肯定的）な意味を持つ．

3. かわいい色や形についての実験

「かわいい」という形容詞は，「女性や子どもや小動物などに対して使用される場合が多く，人工物は形容される対象にはならない」という考え方がある．そこで，色と形に着目し，色のみ・形のみでも「かわいい」と感じるかを確認するために実験を行った [6].

マンセルの基本色相 10 色（赤，黄赤，黄，黄緑，緑，青緑，青，青紫，紫，赤紫）に白と黒を加えた 12 色と，描画ソフト Photoshop の基本図形 12 種類（図 2-1）をそれぞれ白紙に印刷して提示し，それぞれから最もかわいいと思う色と形を選んでもらう調査を，20 代男女各 20 名に実施した．その結果，形で 3 名，色で 2 名が「なし」と回答した以外は，他の全員が「かわいい形」や「かわいい色」を回答し，以下の結論を得た．

- 「かわいい色」「かわいい形」という概念はありうる．
- 色については寒色系より暖色系，形は直線系より曲線系が「かわいい」と評価され，大きな男女差はない．

図 2-1　12 種類の基本図形

4. バーチャル空間を用いたかわいい色や形の実験

前節では 2 次元平面上の色と形に着目して実験を行ったが，人工物は通常 3 次元物体である．そこで，条件制御の容易なバーチャル空間を利用して，かわいい 3 次元物体の形や色の条件を明らかにする実験を数種類行った [7][8][9][10]．いずれの実験でも，実験協力者は 20 代男女とし，かわいい形の傾向は，前節と同様であった．最後に実施したかわいい色の実験 [10]

では，マンセルの基本色相 10 色に対して，図 2-2 に示すような，明度と彩度の異なる 4 種類の色を対象とした．46 インチの 3D 液晶ディスプレイに，図 2-3 に示すように 4 種類の円環体を同時に提示し，円偏光眼鏡を装着した実験協力者に立体視してもらい，それぞれのかわいい程度を VAS 法で評価してもらった．ここで VAS とは，Visual Analog Scale の略称で，100 mm の線分の左端を「まったくかわいくない」，右端を「非常にかわいい」としたときに，その円環体のかわいさがその線分のどのあたりにあたるかを，線を引いて示してもらった（この VAS 法は，本来，患者に痛みの程度を示してもらう目的で用いられている方法である[11]）．

その結果，以下がわかった．
- 男女ともに，黄赤（オレンジ）や青緑の純色が高評価であった．
- 男女の評価に有意差のある色があり，明度彩度共に高い赤紫や黄赤や黄緑などで，女性の方が高評価であった．
- 明度と彩度が共に低い色は，男女ともに低評価であった．

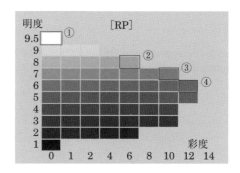

図 2-2　提示した 4 種類の色

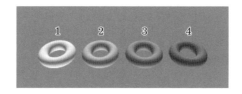

図 2-3　円環体の提示例

5. かわいい質感に関する実験

　ここでは，人工物の質感がもたらす「かわいい」感への影響を調べるために行った，画像テクスチャを用いた実験と，触覚による質感の認知すなわち「触感」を対象とした「かわいい触感」に関する基礎的な検討結果を紹介する[12][13][14]．

画像テクスチャを用いた実験の実験方法

　質感のテクスチャは，図2-4 に示す9種類を選定した．これまでの研究結果や予備実験の結果から，オブジェクトの形は円柱，色はピンクとし，円偏光メガネで立体視可能な46インチの液晶ディスプレイを使用して提示した．

　実験では，上述したオブジェクトを順番に提示し，実験協力者にそれぞれのオブジェクトを「かわいい-かわいくない」で7段階評価し，その理由も含め，口頭で回答してもらった．7段階評価は，－3：「非常にかわいくない」，－2：「かなりかわいくない」，－1：「ややかわいくない」，0：「どちらとも言えない」，1：「ややかわいい」，2：「かなりかわいい」，3：「非常にかわいい」とした．また最後に再びすべてのオブジェクトを実験協力者に提示し，最もかわいいオブジェクトを選択し，その理由も含め回答してもらった．提示するオブジェクトの順番は実験協力者ごとにランダムとした．提示時間は20秒とした．

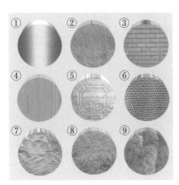

図2-4　提示した9種類のテクスチャのオブジェクト

画像テクスチャを用いた実験の実験結果

実験は 20 代の男女各 9 名，計 18 名に対して行った．

どのテクスチャのオブジェクトも，「かわいい」という正の評価と「かわいくない」という負の評価の両方があった．比較的正の評価が多かったのは⑨，⑧，③，④，逆に負の評価が多かったのは⑥と②であった．平均的に見ると質感によって「かわいい」という評価に大きな差があり，人工物のテクスチャは「かわいい」感に大きく影響することが推測された．

最もかわいいオブジェクトの集計結果では，⑨の選択者が最も多かった．

また，それぞれのテクスチャのオブジェクトに対し正の評価をした場合の理由の形態素解析から，「ピンク色」や「模様」以外に，「やわらかい」や「ふわふわする」「触りたくなる」といった触感に関する言葉が多く挙がり，動物の毛のような⑨の選択者が最多だった点にも鑑み，かわいい質感に触感の連想が関係する可能性も示唆された．

触素材を用いた実験の実験方法

以上の実験結果を受け，触覚による質感の認知すなわち「触感」を対象とした「かわいい触感」を検討するため，触感のオノマトペ（擬音語や擬態語の総称で，ここでは「モコモコ」「ペタペタ」など 2 音節の繰り返し構造を持つもののみを対象としている）に対応して収集された触素材 [15] のうち 109 種類を実験対象とした．触素材の例を図 2-5 に示す．

(a) シープボア　　　　(b) 大粒の砂

図 2-5　触素材の例

実験は，クイックソートの要領で，以下の手続きで触素材を分類した．
(1) 実験協力者には，触素材が見えないよう，アイマスクをしてもらい，また指の脂や水分，さらに触った触素材が指に付いた場合は，手元の脇に置いたタオルを適宜使用してもらう．
(2) 基準の触素材を決める．
(3) 実験協力者に，基準の触素材を利き手の人差し指の腹部で触ってもらい，さらに腹部を前後に動かして触感を確認してもらう．
(4) 実験協力者に基準以外の触素材（比較対象）を基準の触素材同様に触ってもらい，比較対象が基準より「かわいい」「同じぐらい」「かわいくない」の3択で口頭で回答してもらう．
(5) 基準以外のすべての触素材を比較対象として (3) を繰り返す．
(6) すべての比較が終了したら，「同じぐらい」と評価された触素材を除外し，「かわいい」と評価された触素材群および「かわいくない」と評価された触素材群それぞれに対して，(2)～(5) を繰り返す．繰り返しは，触素材群の触素材数が一つまたはそれ以下（すなわち比較ができない状態）になったら終了する．

触素材を用いた実験の実験結果

実験は男女各2名，計4名に対して行った．1人当たりの実験時間は，2時間～3時間であった．

実験協力者4名それぞれが2回続けて基準よりかわいいと評価した触素材の数は，それぞれ15, 24, 16, 19で，4人全員に共通していた触素材は4種類，4人中3人に共通していた触素材は8種類あった．一方，2回続けて基準よりかわいくないと評価した触素材の数は，それぞれ8, 32, 16, 5で，4人全員に共通していた触素材はなく，3人に共通していた触素材は4種類あった．これらを表2-1に示す．これらの結果から，実験協力者全員が「比較的かわいい」と評価する触素材，実験協力者の多くが「比較的かわいくない」と評価する触素材の存在が確認できたと考えられる．

同じぐらいと評価された触素材どうしを同順位とし，実験協力者ごとに比

表 2-1 かわいい触素材とかわいくない触素材

	触素材	対応するオノマトペ	
かわいい触素材	ダイヤーン ポリエステル綿 シープボア コットン布	ジャシジャシ フカフカ ポフポフ フサフサ	ワサワサ モコモコ モフモフ モサモサ
かわいくない触素材	大粒の砂 みかげ 防振パッド 紙やすり	ジャリジャリ ゴロゴロ クニクニ ジュサジュサ	ザグザグ ポコポコ ジョリジョリ

表 2-2 かわいい触素材とそうでない触素材のそれぞれに関連するオノマトペの第1音節の母音と子音の数と割合

(a) 母音

母音	全体	かわいい触素材	かわいくない触素材
/a/	38	11 (29%)	6 (16%)
/i/	13	0 (0%)	4 (31%)
/u/	86	14 (16%)	9 (10%)
/e/	26	1 (4%)	9 (35%)
/o/	41	11 (27%)	8 (20%)

(b) 子音

子音	全体	かわいい触素材	かわいくない触素材
/b/	12	2 (17%)	2 (17%)
/d/	1	0 (0%)	0 (0%)
/g/	21	0 (0%)	6 (29%)
/h/	7	4 (57%)	0 (0%)
/j/	9	1 (11%)	4 (44%)
/k/	11	3 (27%)	1 (9%)
/m/	16	7 (44%)	1 (6%)
/n/	12	0 (0%)	1 (8%)
/p/	29	4 (14%)	10 (34%)
/s/	56	11 (20%)	2 (4%)
/t/	13	1 (8%)	3 (23%)
/w/	3	1 (33%)	0 (0%)
/z/	14	3 (21%)	7 (50%)

較結果から触素材を順位付けし，さらに平均順位も算出した．平均順位は触素材ごとに異なり，「かわいい」の評価が触素材ごとに異なることが示された．

平均順位から上位20位までの触素材と下位20位までの触素材に対応するオノマトペの第1音節の母音と子音（例えば「ガリガリ」の場合は「ガ」の /a/ と /g/）について，その出現回数と割合を算出した（表2-2）．表2-2から，母音では /a/ と /u/ と /o/ がかわいい触素材に対応する場合が多く，/i/ と /e/ がかわいくない触素材に対応する場合の多いことがわかった．

また子音については，/h/ と /m/ がかわいい触素材(例えば「フサフサ」「モコモコ」)，/j/ と /g/ と /p/ と /z/ がかわいくない触素材(例えば「ギイギイ」「ゴロゴロ」「ペトペト」「ザラザラ」)に対応することが多かった．

触素材を用いた追加実験

以上の結果に基づき，109種類の触素材から以下の条件で24種類を選択した．

- 最もかわいいから最もかわいくないまでの広範囲からまんべんなく選択する．
- 関連するオノマトペの第1音節の母音が /a/ と /u/ と /o/ のいずれかであるものを選択する．
- すべての子音が少なくとも2回は，関連するオノマトペの第1音節の子音になるように選択する．

実験協力者には，前節の実験と同様の手順で触素材を比較し，どちらがかわいいかを回答してもらった．

10名の20代男性，10名の20代女性，5名の40～50代男性，および5名の40～50代女性を対象として，実験を実施した．各触素材のグループごとの平均順位を図2-6に示す．これらの平均順位には，グループ間で0.73～0.88の強い相関があったことから，性別・年代には差がないことがわかった．さらに以下がわかった．

- 平均として最もかわいい触素材は，性別や年代に関係なく，ムートン（対応するオノマトペは，フサフサ，モフモフ）やコットン（フカフカ，モ

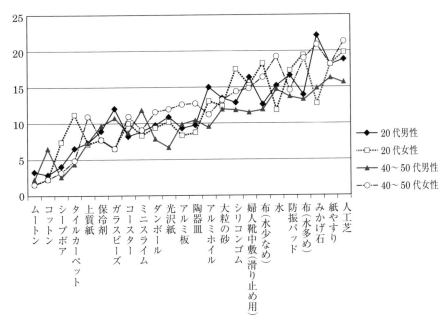

図 2-6 すべての触素材の平均順位

サモサ) やシープボア (ポフポフ, モフモフ) だった.
- 平均として最もかわいくない触素材は, 性別や年代に関係なく, 人工芝 (ザクザク, ジョギジョギ) や紙やすり (ジュサジュサ, ジョリジョリ) や小石 (ゴロゴロ, ザグザグ) だった.
- 最もかわいい触素材に関連するオノマトペの第 1 音節の子音は, /f/ と /m/, 最もかわいくない触素材の方は /z/ と /j/ と /g/ だった.

さらに, 最もかわいい触素材は「もこもこ」「やわらかい」「動物の毛のよう」といった物理的特徴を有していた. この傾向はこれまでのテクスチャ (見かけの質感) の実験や触感の予備実験の結果と同様である. このようにかわいい触素材の物理的特徴がかわいいテクスチャから想起される特徴と同じで, またそれが性別や年代に依存しなかった点は, かわいい質感を持つ魅力的な工業製品を製造するうえで役に立つ結果であり, 特に性別や年代に依存しない点は, 好都合なことだと言える.

6. かわいい感と生体信号との関係に関する実験

実験方法

　かわいい大きさに関し，生体信号を用いて評価する実験を行った[16]．実験システムは図2-7のシステムを用いた．実験協力者に提示する立体図形は，これまでの実験および予備実験の結果から，形を円環体，色を黄色（マンセル表象系で5Y8/14）とし，図2-8と表2-3（スクリーン提示時の実験協力者からの見込み角）に示す4種類の大きさの図形とした．

　実験では，実験協力者に4種類の大きさの図形をランダムな順序で30秒間提示し，それぞれに対して「かわいい-かわいくない」の7段階評価と，その評価の理由を,口頭で回答してもらった.実験前30秒間と図形提示中に，実験協力者の生体信号（心拍，脳波）を計測した．

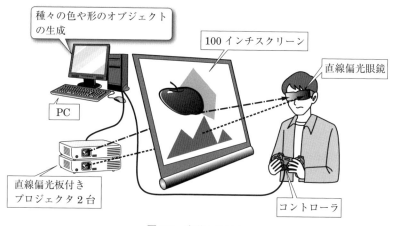

図 2-7　実験システム

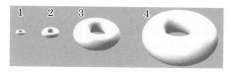

図 2-8　かわいい大きさの実験で提示した4種類のオブジェクト

表2-3 提示したオブジェクトの見込み角

図形番号	1	2	3	4
比率	1	2	6	10
縦 (deg)	10.6	21.7	64.4	106.1
横 (deg)	14.6	29.5	87.4	145.5

実験結果

実験は20代の男女各12名，計24名に対して行った．

アンケート結果（+3から-3までの7段階評価）について，大きさが小さいもの（以下，大きさ1, 2）と大きいもの（以下，大きさ3, 4）の2群に分け，対応のない2群の差の検定を行ったところ，水準1%で有意に小さいものの方が高評価であった．

心拍数については，図形を提示されていた30秒間の平均心拍数を算出し，実験協力者ごとに，実験前30秒間の平均心拍数を基準として差を取ることで基準化した．図形の大きさに対して1元の分散分析を行ったが，主効果はなかった．そこで，アンケートの評価が1以上を「かわいい」場合，-1以下を「かわいくない」場合として，0の場合は除外して，平均心拍数データを2群に分け，対応のない2群の差の検定を行ったところ，水準1%で有意差があった．すなわち，図形を「かわいい」と評価した場合は心拍数が平均3拍高くなり，「かわいくない」と評価した場合は平均的に基準と差がなかった．

さらに「かわいい」場合と「かわいくない」場合のデータ数がそれぞれ一定数あった大きさ3と4について同様の解析を行ったところ，大きさ3では水準5%で有意差が，大きさ4では水準1%で有意差があり，いずれも「かわいい」と評価した場合の心拍数が高かった．

一方脳波では，有意な傾向は明らかでなかった．

さらに，AR（拡張現実感）を利用した実験により，「大きさの小さい方がかわいい」という上述の結果に対し，大きさに下限のあることが，アンケートと心拍から明らかになった[17]．

なお，かわいいスプーンを用いた高齢女性を対象とした実験において，かわいいと感じた場合に心拍数が上がることも確認している[18].

また画像を用いた実験においても，実験協力者自身が選定した「かわいい」画像を見たときに，同じく実験協力者自身が選定した「かわいくない」画像を見たときよりも，心拍数が上昇する傾向を確認している[19]．さらに，かわいい画像の種類に着目し，それを見たときの感情の興奮と沈静を軸に，「ドキドキするかわいさ」と「癒されるかわいさ」に分類し，この2種類の「かわいい」および「興味がない」の計3種類の画像について，実験協力者自身が選定した画像を提示して心拍を測定する実験を行った．その結果，「ドキドキするかわいい」画像を見たときは興味がない画像を見たときよりも心拍数が有意に上昇することがわかった[20].

7. まとめ

人工物自体のかわいさ，すなわち人工物の形状や色・質感などの諸属性に起因するかわいさを系統的に解析し，その結果からかわいい人工物を構成する手法を明確化することを目的として，研究を行っている．これまでの実験の結果，以下が明らかになった．

- 「かわいい」という感性価値は，女性や子どもや小動物などの生物のみでなく，人工物にもあてはめられる．
- 形については，直線系より曲線系の形の方がかわいいと評価される．
- 色については，同じ色相では純色（彩度の高い色）がかわいいと評価される．色相については，黄赤（オレンジ）や青緑が男女ともにかわいい，赤紫（ピンク）や黄緑は，女性のみからかわいいと評価される．
- 質感については，画像テクスチャに対し，平均的にかわいいと評価される画像テクスチャとそうでないものがあり，前者は「やわらかい」「ふわふわする」などの触感を想起する言葉で形容される．また触感についても，かわいいと評価される触素材とそうでないものがあり，前者に対応するオノマトペは「モコモコ」「フサフサ」などである．

- 大きさについては，ある程度までは小さい方がかわいいと評価される．
- かわいい感と生体信号との関係について，提示された刺激に対してかわいいと感じた場合は心拍数が高くなり，そうでなかった場合は心拍数が上がらない．また，「かわいさ」を「ドキドキするかわいさ」と「癒されるかわいさ」に分類した場合には，心拍の上昇は前者に関係する．

これらの知見は，「かわいい」の傾向を示すと考えられるが，これらの多くが日本人の20代男女を実験協力者とした実験の結果であることから，人種・国籍，年代など，その適応範囲を規定する実験の実施は，今後の課題である．

2008年にはNHKで「東京カワイイTV」というテレビ番組が開始され2013年3月まで続いた．2009年には外務省で通称「かわいい大使」（近年世界的に若者の間で人気の高い日本のポップカルチャーをさらに積極的に活用することを目的とした，ポップカルチャー発信使）が任命された．また2009年には，モード（ファッション）の視点から「かわいい」に着目した著作[21]，建築家の視点から女子学生の「カワイイ」感性価値について分析を行った著作[22]，海外における「カワイイ」という感性価値の広がりに関する著作[23]が，いずれも日本語で相次いで刊行された．さらに『芸術新潮』2011年9月号では「ニッポンの『かわいい』」が特集され，2012年3月には日本カワイイ博in新潟が開催され[24]，同年8月には世界初のバーチャルな行政区である福岡市カワイイ区が制定された（2015年3月まで）．また2013年3月9日〜5月6日には，「かわいい江戸絵画」という展示会が東京都府中市美術館で開催され大好評を博した．さらに筆者らも2013年より日本感性工学会において「かわいい感性デザイン賞」の表彰を開始し[25]，これまでに，石田製作所のプルタブオープナー，YKKのファスナー，S&Bおひさまキッチンブランド，ダイハツのミラココアなどを最優秀賞として表彰している．

これらは，「かわいい」という感性価値が日本でまた世界で急速に認知されつつある証左であると考えられる．そこで，日本の人工物（工業製品や工芸品や情報システムやサービスなど）に「かわいい」という感性価値を付加

することや，さらにそのための系統的研究の重要性は，ますます高まっていくものと考えている．

謝辞

　この研究に携わった芝浦工業大学工学部の堀江亮太先生や当時の学生，触素材をご提供いただいた電気通信大学大学院情報理工学研究科の坂本真樹先生，および多数の実験協力者の方々に感謝します．

　なお本研究の一部は，科研費（基盤研究(C) 課題番号 21500204）の助成，芝浦工業大学プロジェクト研究助成，および（株)ニコンより研究資金を受けました．ここに記して謝意を表します．

第3章

絵双紙から漫画・アニメ・ライトノベルまで
——日常性の再構築のメディアとしての日本型コンテンツ

出口 弘

1. 複製メディアとしての日本型コンテンツ

　ここでは日本型コンテンツという言葉で，複製されることを前提として創作される広い意味での絵物語を主に扱う．ここでコンテンツという用語は，主にアートや作品という「美術」作品との対比で用いる．

　日本の和歌や今様，俳諧，川柳，浮世絵，絵草紙，歌舞伎などの創作物は，いずれも何らかの複製を前提として創作されてきた伝統がある．これは西洋に於ける「ハイ・アート」の作り込みとは大きくその歴史を異にする．そもそも日本の浮世絵（吾妻錦絵）は，巨川連という狂歌の連の，巨川（大久保甚四郎）という旗本から，平賀源内，鈴木春信をはじめ摺り師などの職人から町民まで階級透過的なメンバーによる，趣味のグループである「連」（今で言えば同人）が，絵暦のカラーでの複製のために生み出したものである．多色刷りのカラー印刷という画期的な技術が，同人的なグループによる，いわばオープンイノベーションによって生み出されたことは特筆に値する．さらにこの連のメンバーであった絵師の鈴木春信がこの技術を活用して美少女ものを中心とした浮世絵を描き，一世を風靡したのは周知のとおりである[1]．ここから日本の浮世絵の大きな流れは始まる．しかもそこでは直

ちに，いわゆる「わじるし」（好色な浮世絵）の作成が始まる．近世の浮世絵の歴史は美少女と「わじるし」から始まったといってもよい．その画題の多くは，エロを含みつつ，江戸庶民の日常を切り取った世界である．「わじるし」の描く好色という日常性に，猥褻という非日常性を付与したのは，明治期に導入された西洋的な価値軸によるところが大きい．浮世絵の画題には，西洋画にあるような神の栄光や階級的な肖像画はない．むろん絵草紙や読本の世界では，非日常の物語と非日常の挿絵は多く描かれたし，その限りでは浮世絵の画題にも妖怪もあれば武者絵もあるが，その背後には絵草紙の伝奇ブームがあるなど，庶民の生活世界の関心の範囲がそのまま浮世絵の画題の範囲であるといってよい．そこには神や権力の大きな物語はない．そうしたものが入ってくるのは明治に国民国家が成立して以降のことである．浮世絵が好んで描いたのは，役者絵や道中記の流行と呼応する風景など，遊びや空想を含む我々の日常世界そのものである．

　日本のコンテンツは複製性を前提に，人びとが共有し相互作用する場の表現として発展してきた．場を共有し意味を戯れることにこそ日本型のコンテンツの特色がある．和歌も，今様も，俳諧も，浮世絵も，絵草紙も，歌舞伎もみな何らかの複製性と場の共有を特質とする．これはベンヤミンが『複製芸術論』の中で述べた，「オリジナルにオーラがある」という言説とは真逆の方向性である [2]．仲間でシェアし相互作用する場にこそオーラがあるという構造を日本のコンテンツは構築してきた．その伝統は，明治期に西洋からの「アート」の概念の導入により粉々に粉砕される．俳諧は俳句になり独立の表現に解体され，浮世絵は「わじるし」をその伝統から切り離され凋落していく．邦楽も，その主題が好いた好かれたの色恋が中心であったことから，学校教育の場から閉め出される．

　江戸の絵草紙や読本の物語は決して高度な物語構築力を持って描かれたものとは言い難い．白縫物語は，ぐだぐだと続き，人情ものも明晰な強い世界観を持たない．その意味では，俳諧や浮世絵と比して，読本としての江戸の物語はまだ日常性であれ，非日常性であれ十分な物語る力を獲得してはいなかった．明治になり物語が何を描くべきかに関する西洋の規範が導入され，

物語は作者の強い自意識の下で主体的に主題にそって描かれるという自由度を獲得し，物語はその主題を求めて様々に展開する．その中で物語られる対象としての日常性への関心は，私小説的な語りやエッセイの中に組み込まれて独自の日本的展開を遂げる．しかしそれは多様な日常を相対化しつつ肯定的に記述するだけの力をまだ獲得してはいなかった．

2. 物語の描かれ方とその場

　和歌や俳諧，狂歌のような形で詩を紡いだりあるいは絵草紙や読本のような物語を描くということは，世界に対する解釈の表出であり，それはそのまま我々の構築する意味的世界の一部をなす．それゆえ物語を誰が描いてよいかということと物語に何が描かれるべきかという文化的・宗教的・社会的規範は，書籍の開板の権利も含め人間の歴史の中で大きな課題であり続けた．

　物語として，歴史的に物語られてきたのは，神話や伝説や英雄譚のように，非日常の物語であった．近代になりそこに国家や社会が様々な形で主題として加わってくる．もともとシンクレティズム（神仏混淆）文化圏の中で神や運命についての「大きな物語」など存在しなかった日本に，西洋の大きな物語が輸入される．さらに近代国民国家の成立が「作られた伝統としての国家や国家神道の物語」をそこに付け加えた [3][4]．少なくとも和歌や今様や俳諧，狂歌，川柳などの短く小さな物語の世界を見るならば，すでに平安の昔から我々は日常の細部に宿る様々な魂のさざめきを活写してきた．またそれらを互いに確認し共有することが可能となる，場のメディアとしての表現を構築してきた．例えば俳諧では，作品と場が不可分に結びついていた．これら一連の系譜の中で「カワイイ」の原型である，「かわゆい」の流れは発展してきたが，明治期に西洋の価値軸で大きく変容を迫られる．

　だが少なくとも「学校という監獄」の軛の外側では，日本のコンテンツの伝統は脈々と維持されてきた．日本の漫画という表現のメディアはそのような伝統を明らかに引き継いでいる [5][6][7]．

　江戸時代に「連」と呼ばれていた，小集団での表現活動の場は，今日でも

阿波踊りの連やよさこいソーランの連の中にその名称を残しているが，文学や漫画の世界では，そのような活動の場は同人と呼ばれている．日本の漫画は，その表現の発展の歴史の中で特にこの小集団での表現の場の共有という伝統を色濃く受け継いでいる．漫画の同人活動は，学童社の『漫画少年』の漫画投稿コーナーや，石ノ森章太郎による有名な『墨汁一滴』などの肉筆回覧誌活動などを経て，虫プロ商事刊行の漫画雑誌『COM』の上での別冊『ぐら・こん』という全国的な同人活動の広場へと広がっていく[8]．それはさらにコミックマーケット（コミケあるいはコミケットと略称されることもある）に代表される「同人即売会」へと転換し大きく発展してきた．現在のコミックマーケットは，夏と冬に3日ずつ開催され，延べ50万人の参加者と，3万5千グループの同人出展者，搬入される1100万冊の同人誌と頒布される900万冊の同人誌，3000人以上のボランティアという規模にまで拡大している[9][10][11]．さらに年間1000以上の同人即売会が様々な場所で様々なテーマで開かれている．これだけの膨大な同人活動の上に今日の漫画の表現空間は存在する．この同人的活動の場は，もともと小集団のネットワーク的活動の中で様々に構築されてきた．その意味ではコミックマーケットとその発展はインターネットの影響を受けたとは言えない．他方で今日の同人的な活動では，インターネットの影響は次第に大きくなりつつある．作り手が自ら作品を発表する場がSNSあるいは専門のサイトの形で次々と創成されることで，それが既存の出版というメディアとは別の影響力のあるプラットフォームとして発展しつつある．例えば漫画の領域では，個人のホームページでのWEB漫画や，「ピクシブ」（pixiv）のような絵師のプラットフォーム的サイト[1]，オンライン小説の投稿サイトである「小説家になろう」[2]や「アルファポリス」などの新たな表現の空間が，従来の出版社やその編集者の影響の外側に構築されている．これらのサイトの登場により，伝統的な書籍の形の作品のメディアの構造が大きく変化しつつある．変化はオンライン出版や，電子書籍化というような媒体の変化にとどまらない．本質的な変化は評価のメカニズムに生じている．同人的世界では，作り手と読み手の間に密な相互作用がある．しかしそれが商業出版になる段階で，編集者による評価が

入る．その編集者をスキップして，直接読者と相互作用する空間ができあがると，出版社の編集は，それらの場で，評判の高い作品を見いだしてそれを書籍にするという役割に転換する．実際にコミックマーケットで編集者が有力な同人作家を発掘するということはしばしば生じていた．それがオンラインのプラットフォームの登場により，漫画のみならず小説の領域でも広範に見られるようになってきており，ヒーロー文庫[3]のように「小説家になろう」などのサイトから作家を発掘するのを専門とするライトノベルのレーベルも出現している．そこでは，インターネット上で無料で読めるコンテンツが改めて書籍化されるという非常におもしろい現象が生じている．昔からマニアあるいは「オタク」のコンテンツ消費のパターンとして，好きな作品は，観賞用，保存用，（他者に勧めるための）布教用の3セット購入するということが言われていたが，それと相通じる消費行動が明らかに見られるのである．

3. 日常性の再構築のメディアとしての物語

　人間の社会における日常性は，定義の難しい概念である．ここでは日常性をとりあえず，普通の生活（Daily Life）を構成する様々な意味と行為の体系と捉える．その日常性を構成する諸処の日常的な意味の解釈や行為の体系は，社会の成り立ちや文化・社会・宗教によって異なる [12]．それぞれの社会のそれぞれの文化や集団の成員は，何らかの形で社会に埋め込まれ，それを日常的なものとして受け取る．その埋め込みは，家族やリファレンスグループからの学習，明示的な規範など様々な形でなされる．

　当該の社会で流布する「物語」もまたそのような「日常性」を表現する媒体であり得る．だが表現としての「物語」が多く描いてきたのは当該の社会での規範的な事柄であったり，あるいはその社会の成り立ちを語るための非日常性な事柄であったりした．人はどこから来てどこに行くのかという人間社会の根源的な問い掛けは，しばしば神話という非日常の物語の形で語られる．当該の社会の歴史や英雄譚，社会のあるべき姿，あるいはあってはならない姿もまた物語として語られてきた．匿名で描かれた物語の多くは，こう

した規範の形や，日常性の淵にある非日常を描く物語であった．日本の場合それは西洋のような「正義」や「アイデンティティ」を問う大きな物語でなかったが，それでも日常の些事は「物語」として描かれるべき事柄とはされてこなかった．例えば歌舞伎の和事や世話物，生世話物であっても，描かれる事柄の多くは，犯罪であったり世間の枠からはみ出たりする逸脱という形での非日常の世界であった．

　だが他方で日本では，江戸中期に人びとは自らの生き方の多様性への興味を持ち始める．気質（かたぎ）ものというジャンルが江島其磧や井原西鶴らの時代に成立した．この気質ものでは，様々な職業，立ち位置の人びとの生き方への興味が示される．例えば，西鶴の『好色五人女』は今で言えば，五つの恋の物語とでもいうべきものである．そこでは五つの異なった生き様が描かれる．だがこの時代はその異なる日常性が，分際の軛を逃れるだけの強さを持たない．五つの物語のうち，四つがアンハッピーエンドである[13]．その一つが有名な八百屋お七の物語となっている．日常性を相対化して，それぞれの異なる幸せのありようを描くだけの強さをこの時代の気質ものは持たない．西鶴はその町人ものの『日本永代蔵』『世間胸算用』では，一転して当時の町人の生活世界を活写している[14][15]．だがそこでも己の分際の中で生きる人びとを描いていることには変わりない．

　共同体の中で綴られる日常性に対して，それを規定する神や社会の規範の物語を書き換え，異なるそれぞれの日常性のありようを肯定的に構築するだけの力をこの時代の物語は持たなかった．この傾向は，一神教世界である基督教文化圏ではより顕著である．トルストイの『アンナ・カレーニナ』に「幸福な家族は皆似ている．しかし不幸な家庭の不幸の様はそれぞれだ」という有名な台詞がある[16]．これは神による一元的な価値を基軸とする世界では幸福は単調で不幸は多様であるということを表明しているとも捉えることができる．

　日本の場合は，一神教の一元的な価値軸に基づいた正義や神の下の平等とは異なる，それぞれの立ち位置をレスペクトするという「道」の文化が確かに存在する．その立ち位置を分際として守ることを一方で強く求められる中

での，それぞれの社会的立ち位置の相対化と価値の多様性，境界を越えた相互作用が江戸期から徐々にではあるが胎動し始めている．そうであるからこそ，多様な人材が集まり趣味的な目標のために協力することができ，巨川連のような浮世絵のオープンイノベーションが可能となったのだろう．このような階級透過的な様々な表現活動は日本の歴史の中で例外的なものではない．この傾向はさらに古く遡ることができる．例えば，平安時代の後白河法皇は，今様狂いで知られていたが，その編纂した『梁塵秘抄』の口伝集の中で，自らの今様の正当性の根拠を傀儡の乙前に伝授されたことに置いている[17]．これを西洋のコンテクストでいうならば，王族が自らの宮廷音楽の正当性をロマ族に印可を得たことに求めるようなものであり，西洋的な価値軸では到底認められない．

日本のコンテンツは日常性に基盤を置く価値の多様性と社会的立ち位置を超えた相互作用が大きな特色となる．日本の文化の持つ価値の多様性と相互作用については，従来あまり着目されてこなかった．しかしコンテンツの側から歴史を振り返るならばそれは鮮明に姿を現す．

物語が日常世界の細部へとその表現の地平を伸ばしてきた歴史として物語の歴史を捉え直し，そのような視点から日本の物語の歴史を見るならば，江戸期には気質ものだけでなく，様々な日常系のジャンルの萌芽を見て取ることができる．道中記は旅行に特化した，庶民の旅行という非日常の日常を描いたガイドブックであり，川柳は日常のあらゆる課題を，ばれ句も含め活写するメディアであった．俳諧もまた複数で集まり楽しむ場のメディアであるが，川柳は，より広範囲で様々な人びとが参加した表現であり，それがまた人びとの表現へと循環するメディアとなっていた．

4. 日本における日常性のメディアとしての漫画

日本における漫画というメディアは，その原型とも言うべき江戸の絵草紙などの絵物語や，明治の絵入り新聞などを通じて発達してきたメディアであり，その表現世界は近年爆発的にその地平を広げている．その中で着目され

るべきジャンルに日常系というジャンルがある．これは我々の日常をある種ポジティブに描く一連の作品群である．

今日の漫画で狭義の日常系と呼ばれるジャンルは，あずまきよひこの『あずまんが大王』や『よつばと！』を嚆矢としつつ，日常生活の小さなできごとの積み重ねをポジティブに活写することにその特徴がある．

ここではさらに前節までの議論を受けて，ジャンルとしての日常系という用語を超えて，より広い日常性の物語に着目する．我々が対象とするのは，我々の生活世界の近傍を，様々な年齢や職業や文化や身体性などの異なる立ち位置からそれらを相対化してポジティブに様々な日常性を描く日常系の物語群である．それらの一部を具体的に例示することにしよう[4]．

狭義の日常系に近い作品としては，安倍吉俊の『リューシカ・リューシカ』，HERO の『堀さんと宮村くん』，たなかのかの『すみっこの空さん』，桜場コハルの『みなみけ』，イトカツの『銀のニーナ』など枚挙にいとまがない．これらは家族や子どもを軸とした物語となっているものが多いが，そこにはジュブナイルやヤングアダルトのジャンルにある，成長譚の色合いは薄く，当然のことながら「友情・努力・勝利」の方程式もない．そこにあるのは日常をかけがえのない瞬間として捉え，肯定的に描く強い指向性である．描かれる日常性は，「幸せな家族は皆似ている」という神の子羊としての日常性ではない．それぞれがそれぞれの固有の背景を背負いながらもなお，肯定的に描かれる日常性である．

少し登場人物の年齢層は上がるが，小箱とたんの『スケッチブック』，蒼樹うめの『ひだまりスケッチ』，美水かがみの『らき☆すた』あるいは柳原望の『高杉さん家のおべんとう』なども類似の指向性を持つ日常系の物語である．おたくの日常を描いた，木尾士目の『げんしけん』や，クール教信者の『旦那が何を言っているかわからない件』もまた日常をレスペクトする作品の系列と言えるだろう．これらに対して大人の多様な立ち位置での日常性を描く作品も近年様々に描かれている．小池田マヤの『女と猫は呼ばない時にやってくる』『老いた鷲でも若い鳥より優れている』の一連の作品，いけだたかしの『34歳無職さん』，有間しのぶの『モンキーパトロール』，西炯

子の『姉の結婚』などは，それぞれの立ち位置での多様な価値軸に基づく大人の日常性を描いている．

これらに加え最近は膨大な数のエッセイ漫画が描かれ，ノンフィクションとしてそれぞれの生き方の立ち位置からの様々な日常性が描かれ，その相対化された日常性が多くの読者に受入れられている．例えば結婚をテーマとしたエッセイだけでも，カザマアヤミの『恋愛3次元デビュー ～30歳オタク漫画家，結婚への道．～』，こげどんぼの『ヨメさんは萌え漫画家』，井上純一の『中国嫁日記』，おりはらさちこの『同棲終了日記10年同棲した初彼に34歳でフラれました』をはじめ多くの作品が千差万別な結婚に関する日常性のありようを描いている．

日常系の作品の背後には，自身にとっての非日常である他者の日常を，一つの相対化された日常として受け入れる幅広い受け手側の感性がある．異なる社会的立ち位置の間のコミュニケーションを可能とし，互いの立場の交換（理解）を可能とする，物語コミュニケーション（Narrative Communication）の空間をこれらの作品群が可能としていると言っていいだろう [18][19]．

この相対化された他者の日常性の中には，異なる職業の日常性，異なる地域の日常性，異なる年齢性別からくる日常性，異なる文化の日常性，異なる身体性がもたらす異なる日常性など様々なものがある．

様々な職業の日常を描く，今様の職業気質ものとでもいうべきジャンルも広がっている．鉄工所の日常を描いた野村宗弘の『とろける鉄工所』，狩猟生活の日常を描いた岡本健太郎の『山賊ダイアリー』などは，決して大多数の人びとにとっての日常的ではない世界を扱っている．これらは，異なる職業的日常性を異なる一つの日常として相対化した，気質もの的作品群と言える．

筆者は，にいがたマンガ大賞[5]の審査委員として，毎年9歳の小学生から80歳のご老人まで幅広い世代の作品を読む機会に恵まれているが，そこでの年齢という立ち位置とジェンダーという立ち位置から見えてくるのは，小学生くらいの子どもの生活世界にくっきりと存在するジェンダーによる日常性への興味や捉え方の差異である．その年代の男の子は外へ向けた活動を基

軸に物語を構築する．飛んだりはねたりの冒険が物語の基軸となる．これに対して女の子の生活世界は，関係性の配慮に満ちている．この差異性は物語世界に鮮明に表出されている．

　地域という視点からは，大阪を舞台とした村上たかしの「大阪いや～んばか～ん」（単行本未収録），五島列島を舞台としたヨシノサツキの『ばらかもん』，伊豆半島でのスキューバダイビング少女を描いた天野こずえの『あまんちゅ！』，元町夏央の『南紀の台所』など数多くの作品がある．少し毛色の変わったところでは，地方都市の教師を中心とした人びとの生活世界を活写した板倉梓の『あかつきの教室』，北海道の農業高校の青春を描いた荒川弘の『銀の匙』，沖縄の家族の日常生活を描いたcomico[6]というネット漫画に連載の座間味の「うふそー一族」，実体験として八丈島での生活を描いているたかまつやよいの『流されて八丈島』なども地域型日常系といえるだろう．さらに言えばSF的設定の中で未来の火星のベネチア風都市の淡々とした日常を描いた，天野こずえの『ARIA』，ゆっくりと水没する世界の日常を描いた芦奈野ひとしの『ヨコハマ買い出し紀行』もある種の相対化された寓話的日常系と言えよう．

　異文化の日常性の相対化という意味では，インドでの体験やインド人との結婚生活を活写した流水りんこの『インドな日々』や『インド夫婦茶碗』のシリーズ，トルコ人との結婚生活を描いた高橋由佳利の『トルコで私も考えた』など，異文化の日常を相対化した多くの作品がある．前述の『中国嫁日記』もそうした作品に数えることができる．

　さらに四コマ漫画にも日常系の作品は多く見受けられる．四コマ漫画の中には，実話系四コマというジャンルがある．これは読者からの投稿や漫画家自身の体験を四コマ漫画化した一連の作品群で，田島みるくの『本当にあった愉快な話』を嚆矢として大きく発展した領域である．これらは江戸の川柳点を彷彿とさせる，読者の生活世界と作品世界を結びつけるコミュニケーションのチャンネルを構成している．

　これらの実話系四コマの作品では，さらにより広い様々な職業，立ち位置からの多様な日常性についての表現がなされている．およそ描かれていない

職業や立ち位置，生き様はないのではないかと思われるほど多様な生活世界の日常性が描かれる．例えば四コマ誌に掲載された新井祥の『性別が，ない！』では，インターセックス（半陰陽）という身体性を持つ社会的なマイノリティの立場が，外からのラベリングではなく，当事者による自らの日常性の表出という形で描かれている．いわゆる BL（ボーイズラブ）や腐女子系の漫画ではなく，ゲイ文化に関する内部目線での表現も，例えば，熊田プウ助の『GoGo!! おひとりホモ☆（本当にあった笑える話）』など様々に存在する．これは作品の中で真摯にゲイ文化を扱った上村一夫の『関東平野』とも明らかに立ち位置が異なる．

これら作品世界に反映された様々な立ち位置から見える生活世界の多様性から我々は，異なる日常性へのまなざしを得，自らの視座を広げることができる．というよりも，理性ある人であれば，視座を広げざるを得ないだけの様々な知がそこには無視できない形で表出されている．その結果得られる異なる日常性へ向けられる寛容性は，特定の正義やそれに基づくマイノリティの社会的包摂，あるいは過剰包摂の枠組みで語られる寛容性とは異なる [20]．物語コミュニケーションが醸成するのは，アダム・スミスの道徳情操論でいう，互いの立場の交換という意味での寛容性に近いと言えるだろう [21]．

コンテンツが日常世界の価値付けを基軸とし創り手と受け手の相互作用の中で展開され，多様でボトムアップな価値軸でそれぞれの幸福が表現されるという日本型コンテンツの特色は，絵物語としての漫画やライトノベル，アニメなどに限られるものではない．ファッションでも同様の傾向が見て取れる．いわゆるリアル・クローズとモードの関係はまさに日本型コンテンツとアートの関係に対比できる．パリコレクションのようなモードが日常とかけ離れたファッションをトップダウンに価値付けするのに対し，日本のリアル・クローズは日常のファッション価値を使い手も参加する循環の中で構築している．

これら多様性を前提とした寛容性のコンテキストの中で，対象を肯定的に緩やかに，非排他的に包摂する価値観を表す一つのキーワードが「カワイイ」である．それゆえに「カワイイ」は決してキュートではない．「カワイイ」

はその前身である「かわゆい」から進化を遂げ，一つの世界観を表す用語になりつつある．ばらスィーの『苺ましまろ』で用いられ広く巷間に流布する「かわいいは正義」というキャッチコピーは，日本的「義」でも西欧的な「正義」でもない，かわいいならばいかなる既存の様々なジャンルや世界観の境界をも踏み抜くという価値観の表明であり，それは非排他的包摂の世界観を示しているとも言い得る．

5. 日常性の再構築と神々の再構築

人びとが自らの日常性を肯定的に描き，それが他者の日常性に対する寛容性と自らの日常性に関するリファレンスとなるという日常世界の意味の構築・再構築のプロセスは，世俗化した社会では求められざるを得ない．その役割を担うであろうと期待される，広義の日常系のジャンルの爆発は日本のコンテンツの大きな特徴となっている．そのことは強調してもしすぎることはない．それはまた今後世界中で生じるであろう．日常性を様々な立ち位置から描く物語の構築を通じて，我々の生活世界の意味そのものが再構築されていく，日常性の解釈の場を人びとが自ら構築するという潮流の先駆けでもあるに違いない．

すでに日本以外の国々でも，「カワイイ」の価値軸や日常系の物語は徐々に浸透しつつある．台湾はその中でも，カワイイ作品が多い国である．台北地下街のDNAXCAT（九藏喵窩）[7]はカワイイネコキャラで日本でも知る人は多い．また台湾版のコミックマーケットといえる「ファンシーフロンティア（開拓動漫祭）」[8]では多くのカワイイキャラクターの作品や，日常系の物語を見つけることができる．また今日のインドネシアではイスラム教の女性のつけるベールの一種であるヒジャブが，社会的規範から積極的おしゃれ，カワイイの領域へと大きく変容しつつある．さらにインドネシアのバンドンで近年設立された，マフィングラフィック（Muffin Graphics）[9]という出版社から発刊されている少女漫画では，従来のインドネシアの漫画にはない，ヒジャブを被った子どもと被らない子どもが遊ぶ日常の漫画など，新しい日

常性の表現が作品の中で様々に見受けられるようになってきた．

　これら日常系の物語は，多様な立ち位置から，決して一種類の幸福に収束しない日常を描くのに対して，その日常に「少し不思議」が混じることで，我々がどこから来てどこに行くかに関する根源的な問いを，人でないものとの対話あるいは寓話の形で語る多くの物語群がある．ボーイミーツガールの物語を基軸に少し不思議な日常を描く田島列島の『子どもはわかってあげない』，死の寓話を描くしりあがり寿の『夜明ケ』，妖怪の見える少年の日常と成長譚でもある緑川ゆきの『夏目友人帳』，妖怪との淡々とした共同生活を描く影山理一の『奇異太郎少年の妖怪絵日記』，神使との神社での日常を描く落合さよりの『ぎんぎつね』，仏陀とキリストの下界での休日の日常を描く中村光の『聖☆おにいさん』，さらに高屋奈月の『フルーツバスケット』，藤島康介の『ああっ女神さまっ』，鈴木有布子の『星河万山霊草紙』，藤原ここあの『dear』，瀬川藤子の『お嫁さんは神様です』，奈良一平の『ネコあね．』，いけの『ねこむすめ道草日記』，染屋カイコの『かみあり』等々多くの神々や人でない存在との共存譚が物語として語られている．

　そこでは神々のいる日常が描かれると同時に，神々の概念そのものの再構築が行われている．この神々の概念の再構築は，今日の日本のコンテンツの一つの大きな潮流である [6]．もともとシンクレティズム文化圏の日本では，絶対神や唯一神としての神概念は希薄であり，起源の異なる無数の神々が混在し，それぞれのご利益を求める人びとにより祀られるという形で，非排他的に共存してきた．また，伏見稲荷お塚信仰に見られるように自ら信じる神について講中を作って塚で祀るような神様の二次創作も違和感なく行われてきた歴史がある．そのような混淆の文化圏ではあるにしても神と人の間には分際の差異があり，人の生きる道の物語と神のありようの物語は区別されてきた．それは例えば，羽衣伝説や信太の森のうらみ葛の葉で知られる葛の葉伝説などの，異類婚姻譚に典型的に見られる．その異類婚姻譚では，必ず別れの結末がくるのが物語の約束された型であり隠れた規範でもあった．しかし2000年代前後からこの構図に大きな変化が見られる．ほぼすべての異類婚姻譚の物語がこの時期を境にしてハッピーエンドとなるのである．明らか

に人と（人の考えた）神の間の関係を表す物語が大きく変容を遂げつつある．それは神の改変でもあり神の日常化とも言える変化である．これは人類が神という物語に頼る時代の終焉の始まりを意味しているのかもしれない．

　本稿で我々が扱ってきた広義の日常系の物語は，死すべきものに存在意義があるのかという根源的な問いに自らが描いた物語の中で答えようとする物語でもある．そこには日常の些事の中にこそ我々の生きるべき土地があり，それは決して一つではないというメッセージが散見する．また異なる日常性を相対化することによる寛容性の醸成も明らかに見て取れる．

　日常をレスペクトして描く物語群はむろん日本にだけあるジャンルではない．ジュブナイルやヤングアダルトのジャンル，特に青少年の成長譚の中には，それぞれの文化の中の日常を丹念に描くものが数多く見受けられる．例えば，アーサー・ランサムの『ツバメ号とアマゾン号』のシリーズもそうした作品の一つだろう．ルーシー・M・モンゴメリの『赤毛のアン』のシリーズも日常性をレスペクトする指向性の高い作品である．そこでは少女の成長譚から，大人になったアンの家庭生活やコミュニティの日常が描かれる．そこでは既存の因習に対する異議申し立てはあるが，他方でプロテスタントの「長老教会派」のコミュニティの立ち位置もまた明確である．コミュニティの境界の外にあるジプシー（ロマ）や漁村文化への視線は冷たい．

　ようするにこれらの作品が描くのはいずれもある文化規範の中での日常性であり，また成長譚の多くは，大人になった少年・少女が社会的な役割を引き受けて，子ども時代に決別することで終わる．これらは多様な日常性を相対化する指向性のある現代の日本のコンテンツにおける表現とは同根ではない．

　本稿では「日常性」を相対化しつつ様々な形で再構成する日本のコンテンツの作品群を，広義の日常系として捉え，その特色が江戸期あるいはそれ以前にまで遡ることを見てきた．現代の世界には多くの物語が流布している．地球社会の多くの人びとは，いまだに「神」という名の物語，あるいはその名の下で語られる規範性の強い物語にとらわれている．現代の日本であれば，「厨二病」あるいは「なにそれ？おいしいの？」[10] の下に一言で切り捨てられ

るような物語に人びとはいまだにとらわれ続けている．国民国家の形成と近代化の歴史は，同時に世俗化の歴史でもあった．近代化の過程で欧州の大部分と米国の一部，それに日本では神々という物語が退潮した．だがそれに変わる物語を我々自身が作り出すようにならなければ，人びとは神や国家の物語が人びとに語りかける「正義」や「悪」の物語からは自由になれない．「正義」という判別の軸の中で物語の包摂と過剰包摂，あるいは排除が定まる世界では，「カワイイ」もまた相対性を失い明確な権威の輪郭をまとわざるを得ない．「かわいいは正義」はそれぞれのカワイイを祀る人たちにとっての正義となる．しかもそれら複数の正義はシンクレティズム文化圏での神々の共存のように，非排他的に，私のカワイイとあなたのカワイイというそれぞれの正義として共存する．このような多様な正義の共存という価値観は，異なる正義をレスペクトすることのできる高いリテラシーのある世界でのみ存在し得る価値観となる．「カワイイ」には包摂も過剰包摂もなく，それぞれの「カワイイ」があるにすぎないからである．それゆえにこそ『苺ましまろ』の名言である「かわいいは正義」という台詞は，唯一の正義の概念を粉々に粉砕し，それぞれの「カワイイ」がそれぞれの正義をもたらすのだと宣言したことになる．そこには「無知のベール」（ロールズ）も「最大多数の最大幸福」（ベンサム）もない[22][23]．正義とはその程度の概念にすぎないのだという相対化が日常性のコンテクストの中で行われたのである．

　人類が自らの意思で日常世界のそれぞれの立ち位置から，それぞれの物語を肯定的に描くことで，大きな正義から脱却し，非排他的な正義のありようを普通に論じるようになるには，まだ我々の地球社会の文明は未熟であると言わざるを得ない．21世紀の現状は，古い物語にとらわれて他者をもそこに取り込もうとする原理主義的なグループもあれば，正義の基準をどこに置くかで包摂と過剰包摂を繰り返す国家もある．我々の社会が根源的に変わり，人びとが自らの力で自らの物語を描き，既存の運命のフラグをへし折ることができるようになるためには，今日本がたどりつつある日常性の物語の地球規模での爆発が必要とされる[24]．

第4章

カワイイと地元経済
―― ローカル・キャラクターの経済効果

田中　秀幸

1. はじめに

　近年，日本各地で地元のマスコット・キャラクターやイメージ・キャラクターなどと言われるものが多数誕生して，活発に活動している．そして，熊本県の「くまモン」や滋賀県彦根市の「ひこにゃん」などの一部のキャラクターは，各種のキャラクターランキングで上位に位置づけられ，有名企業による全国的，または世界的なキャラクターと肩を並べるほどになっている[1]．これらの地元のキャラクターは，その地方のシンボルとなり得る特徴的な記号をモチーフにして，多くはカワイイのが特徴と言われている[1]（p.5）．そして，後述するとおり，地元のマスコットなどとして活躍することで，地方を活性化することが期待されている．そこで，本稿では，経済的側面に焦点をあてて，これらのカワイイ地元のキャラクターが各地の経済活性化に寄与しているかどうかを考察していきたい．

　さて，本稿が対象とする地元のキャラクターについて，最初に整理する．こうしたキャラクターについては，「ゆるキャラ」や「ご当地キャラクター」（「ご当地キャラ」）と言われることが多い．

　「ゆるキャラ」は，作家のみうらじゅんが考案したもので，「全国各地で開

催される地方自治体主催のイベントや，村おこし，名産品などのPRのために作られたキャラクターのこと．特に着ぐるみとなったキャラクターを指す」とされる[2]（まえがき）．「ゆるキャラ」は，有限会社みうらじゅん事務所と株式会社扶桑社によって商標登録されている．毎年1回行われている「ゆるキャラグランプリ」が有名である．

「ご当地キャラクター」については，一般社団法人日本ご当地キャラクター協会が「ある特定の地域や，その地域の特産品，観光地，イベントなどをPRする目的で誕生し，活発に活動をおこない，地元愛をもって元気や笑顔溢れる地元活性化を達成しようとしていること．イラストではなく実物が存在すること」などと定義している[3]．同協会は「世界キャラクターさみっと in 羽生」に協力するなどしている．

「ゆるキャラ」も「ご当地キャラクター」のどちらも，ある地方を対象にして何らかのPRを行うことが目的となっている点が共通している[2]．また，どちらも，イラストにとどまるのではなく，着ぐるみなどの3次元の実物に着目している点も同じである．さらに，キャラクターの管理団体としては，地方自治体のほか，観光協会，商店街，民間企業など幅広い主体を想定している点も共通している．本稿では，これらの特徴を有する地元のキャラクターを「ローカル・キャラクター」として扱い，考察を進めていく．

2. ローカル・キャラクターの実態

本稿が対象とするローカル・キャラクターに関しては，国宝・彦根城築城400年祭（2007年）のキャラクターである「ひこにゃん」が「ゆるキャラ」ブームの嚆矢と言われている[1]（p.5），[4]（p.86）．東京市町村自治調査会[5]によれば，2008年以降に作成されたキャラクターが調査対象（市町村）全体の61.4%（$N=678$）を占めている．みうら[2]に掲載されたゆるキャラの中には1970年代に誕生したものもあり[6]，ローカル・キャラクターの活用は必ずしも新しいものではないが，近年になって積極的に扱われるようになったことは確かである．

まず，ローカル・キャラクターの数を見たい．ゆるキャラグランプリ 2014 年大会のエントリー数を見ると 1,699 件（うち，ご当地ゆるキャラ 1,168 件，企業ゆるキャラ 531 件）に上っている[3]．また，一般社団法人日本ご当地キャラクター協会の会員キャラクターは 276 件となっている[4]．ゆるキャラグランプリのエントリーと日本ご当地キャラクター協会のキャラクターには重複があることなどから，全貌を把握するのは容易なことではないが，少なくとも 1,700 件程度のローカル・キャラクターが何らかの活動を行っていると見込まれる．

次に，ローカル・キャラクターの目的について見ると，地元の PR に関するものがもっと高い．そして，地域内の関心を高めることや経済活性化に関するものが続いている（図 4-1，図 4-2）．キャラクターには有名人を凌駕す

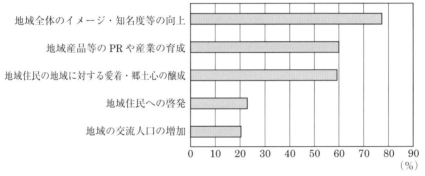

図 4-1 キャラクターの作成目的（複数回答可）（出典：東京市町村自治調査会[5] 図表 14 に基づき，筆者作成．対象は，市町村（$N=678$））

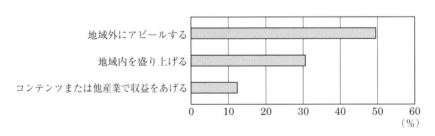

図 4-2 キャラクターの取組みで最も重視している目的（単一回答）（出典：経済産業省[8] 図表 53 に基づき，筆者作成．対象は日本ご当地キャラクター会員（$N=153$））

るほどの広告効果があり，キャラクターを創造することはブランディングとみなすことができると言われている [1] (p.9)．「くまモン」が熊本のブランドになっていると受けとめられているが [7] (p.178)，地域全体のイメージを高めるとともに，地域内での意識を変えて，経済的価値を生み出そうとする点で，ローカル・キャラクターの活動は，地方のブランドづくりにつながっている可能性がある．

さらに，ローカル・キャラクターの管理部門について整理する．ここでは，2011年のゆるキャラグランプリの上位100件を対象として，管理者・部門がどこになっているかを調査した結果を示す[5]．その結果は，図4-3に示すとおりで，観光部門（観光協会，自治体の観光担当部署）が最も多く全体の3分の1を占めた．そのほか企業等以外の非営利部門では，企画部門（自治体の企画担当部署），商工産業部門（自治体の商工担当や産業担当部署，商工会議所，商店街など），広報部門（自治体の広報担当部署），市民協働部門等（自治体の市民協働担当部署ほか）の順番となっている．管理部門で見ると，観光と商工産業という経済活動に関係の深いところが47件と自治体等の非企業部門85件の過半数を占めている．前述の目的では地元のPRに関するものが最も高かったが，管理部門から見るとローカル・キャラクターの活動は地元経済に密接に関わっている可能性がある．

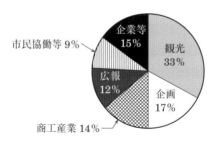

図4-3 キャラクターの管理部門
（出典：2011年ゆるキャラグランプリ上位100件を対象とする筆者調査）

3. ローカル・キャラクターが経済的にもたらすもの

これまでの経済効果の推計

　ローカル・キャラクターの主な目的が地元のイメージを高める PR 効果にあるとしても，経済的な効果への関心は高い [4]（p.86）．そのような関心に応えるべく，これまでにいくつもの推計結果が公表されている．

　推計方法の一つは，産業連関表を用いた経済波及効果である．この推計では，アンケート調査などに基づいてローカル・キャラクター関係の商品の売上高を推計するところから始める．その推計に基づき，産業連関表を用いて，直接効果，一次波及効果および二次波及効果までを推計し，その合計を総合効果とする．その際，商品の売り上げに限らず，観光客の増加を別に推計したうえで，同様の総合効果を加えることもある [9]．

　もう一つの推計は，広告効果に関するものである．パブリシティ効果とも言われるもので，テレビなどのメディアでの報道の量を計測して，それを広告枠購入に置き換えることで，報道がどれだけの広告出稿に匹敵するかを推計するものである．ローカル・キャラクターの維持・管理に要した費用と比較して費用対効果を測る際に用いられることもある．例えば，「くまモン」の場合 2010 年度の活動に関して，予算 8000 万円で広告効果が少なくとも 6 億 4 千万円を上げたとして，費用対効果 8 倍としている [7]（p.125）[6]．

　以上の二つの推計方法は比較的定着しており，ローカル・キャラクターを対象としたものとしてはそれぞれ表 4-1 と表 4-2 に示すような推計が公表されている．経済波及効果を域内総生産額で除した比率で見ると，県レベルでは域内総生産が巨額になるために一部の例外を除くと極めて低いが，市レベルでは数パーセントのレベルに達している．地元経済をマクロベースでみると，市レベルでは一定の効果を計測できる可能性が示唆される推計結果である．

表 4-1 キャラクターの地元経済への波及効果

キャラクター	対象地域	経済波及効果(A)	当該地域内総生産(B)	比率(A/B, %)	対象年(年度)	出典
くまモン(1)	熊本県	285億円	5兆6395億円	0.51%	2012年	経済産業省[8]
くまモン(2)	熊本県	721億円	5兆6395億円	1.28%	2013年1〜10月	日本銀行熊本支店[9]
むすび丸	宮城県	24億円	8兆2564億円	0.03%	2012年度	七十七銀行[10]
ぐんまちゃん	群馬県	14億円	7兆5637億円	0.18%	2013年度	松下[11]
ひこにゃん	滋賀県彦根市	388億円	5262億円	7.37%	2007年	坂口[12]
さのまる	栃木県佐野市	158億円	4078億円	3.87%	2011年2月〜2014年10月	佐野市[13]

(注)
1. 地域内総生産はすべて執筆時に入手可能な最新の2012年度(ただし,ひこにゃんは2007年度).
2. ひこにゃんの経済波及効果は,彦根城400年祭全体の効果.
3. さのまるの経済波及効果は,分析対象期間全体の波及効果592億円に12/45を乗じた値.

表 4-2 キャラクターの広告効果

キャラクター	対象地域	広告効果	対象年(年度)	出典
くまもん	熊本県	51億円	2013年1〜10月	日本銀行熊本支店[9]
せんとくん	奈良県	15億円	2008年2月24日〜3月15日	荒木ほか[14]

インタンジブルズとしてのローカル・キャラクター

前項で紹介した二つの推計方法は,キャラクター関連商品の具体的な売上高や報道量に基づいて積み上げるもので,経済的な効果をはかる手段として重要である.しかし,このような積み上げ方式では,インタンジブルズとしてのローカル・キャラクターの経済的価値を把握できないという限界がある.

ここでのインタンジブルズとは,目に見えない資産のことを指す.企業を例にとれば,企業の価値は,設備や建物,土地などの目に見える資産(タンジブルズ)だけで決まるものではない.それ以外にも,企業で働く従業員や,企業内の組織に定着した仕事の進め方,そして,顧客との間に構築された関係などが,目に見えない資産(インタンジブルズ)として企業の価値を創出する[15].

企業のブランドは,広告などを通じて顧客との間に構築されるもので,イ

ンタンジブルズとしての価値を有すると考えられている．ブランドが構築されることで，広告を通じて商品を売り上げる以上に，顧客との関係が深まることで様々なチャネルを通じて将来にわたってキャッシュフローが期待され，それが企業価値を高めるのである．

ローカル・キャラクターについても，「くまモン」の例に見られるように地域のブランド構築につながっている面もある．ブランドが構築されることで，くまモン関連商品の売り上げや熊本への観光につながるだけではなく，多様なチャネルを通じた経済的な効果が期待される．

ローカル・キャラクターの効果は，インタンジブルズの内の顧客との関係だけにとどまらない．地元のマスコット・キャラクターという，これまでにない手段を積極的に活用することができれば，職員の意識や仕事のあり方が変わる可能性もある．「くまモン」の例で見れば，「くまモン」と一緒に仕事をすることで自治体職員の意識や仕事の仕方が変わったと言われている[7]（pp.208-210）．職員の意識や組織内に定着した仕事の進め方もインタンジブルズの重要な要素の一つであり，ローカル・キャラクターにはそれらに変化をもたらす効果も期待される．また，自治体職員などに限らず，地域の事業者や住民の中でも意識が変わり，ローカル・キャラクターを活用した新たなビジネスなどの取組みが始まる可能性もある．ローカル・キャラクターのデザイン利用に関する自治体の規定を見ると，地元経済・社会のために積極的な活用を慫慂しているものも多い．

このように，ローカル・キャラクターには，インタンジブルズとして機能することで，経済的価値を生み出すことも期待される．ローカル・キャラクターを活用している地域では，その商品化が活発とは限らない．そのような場合には，従来の積み上げ方式の推計では，経済的効果を確認できないおそれがある．しかし，商品化されていない場合でも，ローカル・キャラクターの導入をきっかけに，地元の意識の変化や新たな取組みなどを通じて，経済的な効果を生み出している可能性もある．そこで，次節では，経済効果を広く捉え，市町民経済計算データに基づいて，マクロ経済のベースでローカル・キャラクター導入の効果を検証する．

4. ローカル・キャラクター導入地域の経済効果の検証

検証の考え方

　本稿では，ローカル・キャラクターの経済効果を前節で紹介したような積み上げ方式とは異なる方法で検証する．表4-1で示したとおり，比較的経済活動範囲が限られている市レベルであれば，キャラクター商品の売上などに基づく推計でも，その金額は市内総生産の数パーセントに達する規模となる．それだけの変化を伴うものであれば，マクロ経済レベルでも影響の有無を検証できる可能性がある．また，前節後半で示したとおり，ローカル・キャラクターのインタンジブルズとしての側面に着目すれば，必ずしもキャラクター商品が多くなくても，様々な要素を通じて，地元経済に影響が生じることも考えられる．そこで，本節では，ローカル・キャラクターの導入前後で，マクロ経済レベルでの変化が生じているかどうかを検証する．

検証対象のキャラクター

　今回の検証対象は，次の4条件をすべて満たすローカル・キャラクターとする．
(1) 2011年ゆるキャラグランプリ上位100件以内またはPRキャラクター・ブランド調査2013の調査対象
(2) キャラクターの誕生年が2006年以降2011年まで
(3) 対象地域が市町(政令指定都市を除く．市町民経済計算をインターネット上に公表しているところ)
(4) 管理・運営主体が自治体，観光協会，商工会議所などの公的な団体

　条件(1)では，活動がある程度活発であるローカル・キャラクターを対象とした．そのために，まず，管理・運営主体が主体的にエントリーする方式のゆるキャラグランプリ上位100位以内を基本とした．さらに，一般的なキャラクターとして認知度が高いものからも選定できるように，PRキャラクター・ブランド調査の調査対象300件を含めた．時点としては，各府県が発表している市町民経済計算の最新データ（本稿執筆時点）が2012年

度であることとのタイムラグを考慮して，主体的にエントリーするゆるキャラグランプリについては最新データの1年前の2011年，事前調査の純粋想起率の高いものを対象とするPRキャラクター・ブランド調査は最新データの1年後の2013年のもの（RJCリサーチ[16]）とした[7]．

　条件(2)は，市町民経済計算の2012年度データが2005年度基準で作成されているところが多く，データの一貫性が保たれる期間としては2005年度から2012年度のところが多いことを反映している．始期については，少なくとも1年はローカル・キャラクターのない期間を確保するために，誕生年を2006年以降とした．終期については，少なくとも1年の活動期間を確保するために，誕生年を2011年までとした．

　条件(3)については，前述のとおり，県または政令指定都市レベルではマクロ経済への影響を検証することに困難が見込まれるため，それより狭い範囲として市町単位（政令指定都市を除く）とした．また，市町内の特定の商店街など市町よりも狭い範囲を対象とするキャラクターは，市町内総生産の範囲と異なるために，除外した．すべての都道府県で市町民経済計算がインターネット上で公表されているわけではなく，データ入手可能な市町に限定された．

　条件(4)については，市町全体の取組みやそれに近い取組みを対象とすべく，キャラクターの管理・運営主体が自治体等の公的な団体になっているものに限定した．これにより，企業が管理・運営しているキャラクターは対象外となる[8]．

　以上の4条件を満たすローカル・キャラクターは41件である．表4-3は分析対象キャラクターの地域と誕生年を示す．2011年ゆるキャラグランプリ上位100件の中には，人権啓発活動や選挙に関するものなど，必ずしも地元の経済活動に関わりがないものも含まれる．しかしながら，表4-3に掲げる41件については，自治体の市民活動関係部署が担当するものであっても，地元経済界と連携するなどの一定の経済的な活動が認められる．このため，41件すべてを次節以降の経済効果の検証対象とする．

表 4-3 分析対象のキャラクター

キャラクター	道府県	市・町	誕生年	キャラクター	道府県	市・町	誕生年
あさっぴー	北海道	旭川市	2010	ごずっちょ	新潟県	阿賀野市	2009
たか丸くん	青森県	弘前市	2009	うながっぱ	岐阜県	多治見市	2007
ムッシュ・ムチュランI世	青森県	むつ市	2009	かさまるくん/かさまるちゃん	岐阜県	笠松町	2009
ポチ武者こじゅーろう	宮城県	白石市	2008	いちみん	愛知県	一宮市	2010
かねたん	山形県	米沢市	2008	いなッピー	愛知県	稲沢市	2007
がくとくん	福島県	郡山市	2010	シロモチくん	三重県	津市	2008
ダルライザー	福島県	白河市	2008	きーほくん	三重県	紀北町	2010
こゆりちゃん	福島県	西会津町	2010	おおつ光ルくん	滋賀県	大津市	2008
みとちゃん	茨城県	水戸市	2011	ひこにゃん	滋賀県	彦根市	2006
はぎまろ	茨城県	高萩市	2008	明智かめまる	京都府	亀岡市	2011
あやめ	茨城県	潮来市	2009	きんたくん	兵庫県	川西市	2008
さのまる	栃木県	佐野市	2011	やっぷー	兵庫県	やぶ市	2010
ころとん	群馬県	前橋市	2011	丹波竜のちーたん	兵庫県	丹波市	2006
ニャオざね	埼玉県	熊谷市	2008	いなほう	兵庫県	猪名川町	2009
はにぽん	埼玉県	本庄市	2010	フルーツ王国の仲間たち	和歌山県	かつらぎ町	2009
ふかっちゃん	埼玉県	深谷市	2010	むきぱんだ	鳥取県	大山町	2010
ゾウキリン	埼玉県	新座市	2010	大野ジョー	福岡県	大野城市	2010
もろ丸くん	埼玉県	毛呂山町	2010	千梅ちゃん	福岡県	太宰府市	2010
よしみん	埼玉県	吉見町	2009	唐ワンくん	佐賀県	唐津市	2008
ブコーさん	埼玉県	横瀬町	2010	マジャッキー	熊本県	荒尾市	2011
ミムリン	埼玉県	美里町	2009				

検証方法

　市町のマクロ経済のデータとして，各府県が公表している市町内総生産を用いた[9]．できれば，資本と労働による生産関数に基づいて推計を行いたいが，市町単位の資本ストックのデータがないため，それは困難である．そこで，市町人口[10]を用いて，市町民一人当たりの総生産額を検証指標として用いることとした．人口減少の下，市町村内総生産も減少傾向にあるところが多いが，一人当たり総生産額を見ることで，経済的な豊かさを比較することができる．また，分析対象期間中には，いわゆるリーマンショックの影響もあり日本全体で見ると一人当たり国内総生産（GDP）は図 4-4 に示すとおり，変動している[11]．そこで，各年度の一人当たり GDP を制御変数として用い

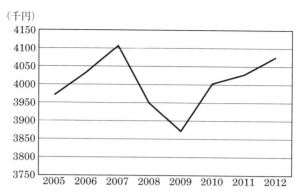

図 4-4 一人当たり GDP(実質)の推移
(出典:内閣府資料を用いて筆者作成)

ることにした.そのうえで,ローカル・キャラクターが活動している年度のダミー変数を付して,その活動の有無による際が生じるかを検証した.具体的には,式(4・1)に基づき,市町単位のパネルデータ分析を行った.

$$\ln GDP_{it} = c + \beta_1 \ln P_{it} + \beta_2 \ln NPGDP_t + \beta_3 C\_dummy_{it} \quad (4 \cdot 1)$$

$i: 1, 2, 3 \cdots 41$

$t: 2005, 2006 \cdots 2012$

ここで,$\ln GDP_{it}$ は i 市町 t 年度の市町内総生産額の自然対数変換値,$\ln P_{it}$ は i 市町 t 年度の総人口の自然対数変換値,$nNPGDP_t$ は t 年度の日本の一人当たりGDPの自然対数変換値,C_dummy_{it} は i 市町 t 年度のローカル・キャラクター・ダミー(活動していれば 1,そうでなければ 0)である[12].基本統計量と変数間相関は,それぞれ表4-4と表4-5に示す.

表 4-4 各変数の基本統計量

	$\ln GDP$	$\ln P$	$\ln NPGDP$	C_dummy
平均	12.301	16.215	11.132	0.505
標準偏差	1.123	0.683	1.044	—
最大値	14.282	17.485	12.852	—
最小値	9.876	14.456	8.928	—

(注)$N = 308$

表 4-5 変数間の相関

	$\ln GDP$	$\ln P$	$\ln NGDP$
$\ln GDP$	1	0.948	0.033
$\ln P$		1	0.009
$\ln NGDP$			1

検証結果と考察

前項の式 (4・1) に基づくパネルデータ分析の結果は，表 4-6 に示すとおりである．クロスセクションの固定効果で分析を行っている[13]．C_dummy の係数 β_3 は，統計的に有意に正の値となっている．これは，ローカル・キャラクターが活動している時期のほうが活動していない時期よりも一人当たり市町内総生産の額が大きいことを示している．ローカル・キャラクターを活用することで，市町内の経済的な価値が生まれ，より豊になったことをサポートする結果である．

ただ，この結果は分析対象期間後半の日本全体の一人当たり GDP 回復の趨勢を反映したものであるおそれがある．そこで，分析対象期間の終期を 2009 年ないし 2011 年までに短縮して式 (4・1) に基づいて同様に検証した．その場合でも C_dummy の係数は 5％または 1％水準で統計的に有意に正の値となり，表 4-6 の結果と同様であった．このことからも，ローカル・キャラクターの活動の有無と一人当たり市町内総生産の間には関係があることが示唆される．

表 4-6　パネルデータ分析の結果

	係数	標準誤差	t 値
C	-0.295	3.049	-0.097
β_1	0.139	0.215	0.646
β_2	1.330 ***	0.211	6.290
β_3	0.030 ***	0.009	3.373
Adj. R^2	0.997		
$N =$	308		

(注) ***：< 0.01

5. まとめ

　本稿では，カワイイの中でも地元経済と関わりのある「ゆるキャラ」や「ご当地キャラクター」などのローカル・キャラクターを対象として考察を行った．従来は，ローカル・キャラクターの商品化などを通じた経済効果を推計することが多かったが，本稿ではそうした商品化に限らず，ローカル・キャラクターのインタンジブルズとしての側面も加味した経済効果の検証を行った．すなわちローカル・キャラクターの活動をきっかけとして，地元で様々な新たな取組みが始まる可能性に着目して，それを通じて，一人当たり市町内総生産が増えるかを定量的に検証した．その結果は，ローカル・キャラクターの導入によって，地域が経済的に豊かになることをサポートするものであった．これまで，経済効果としては，キャラクター関連商品の売り上げや広告効果ではかられることが多かったが，ローカル・キャラクターを導入して，地元で新たな取組みを活発に行うことで，地元経済全体にポジティブな効果がある可能性を示した．

　以上のとおり，本稿の分析は，ローカル・キャラクターの経済効果に新たな検証方法を提案し，その有効性をある程度示すことで，関連する研究に一定の貢献をなすものである．しかし，新たな推計のはじめての試みでもあり，いくつもの限界はある．例えば，今回の定量的な検証結果は，変数間の相関関係は示すが因果関係を示すものではないことに留意する必要がある．これだけでは，経済状況の好転がローカル・キャラクターの導入につながっている可能性は排除できない．また，すべてのローカル・キャラクターの導入が経済的にポジティブな効果を有するとは限らない点にも留意が必要である．今回の分析対象であっても，個々にみれば，キャラクター導入前後で一人当たり市町内総生産が減少しているものも含まれている．今回の分析では全体としてポジティブな相関関係が明らかになったが，今後は，キャラクター導入前後でポジティブに変化する場合とそうでない場合の差異について，さらに考察することが求められる．

謝辞

 東京大学大学院学際情報学府修士課程(本稿執筆時)の寺山ひかりさんには,草稿段階での貴重なコメントに感謝します.本稿のすべての誤りは筆者の責任です.

第5章

かわいいとインタラクティブ・メディア

武田 博直

1. はじめに

本稿では，次に挙げる（主に業務用の）ゲーム機やテーマパーク・アトラクションなどを例に，「かわいい」コンテンツを扱うインタラクティブ・メディアについて解説する．Kawaii-Related Interactive media（造語である）を，ここでは，KR-I と略し，これらいくつかの KR-I と女性のかかわりに焦点を置いて記述することにしたい．

(1) 歴史順に，まず「アミューズメントセンター」[1] などに 1985 年以降設置された業務用ゲーム機を取り上げる．「UFO キャッチャー」「テトリス」「プリクラ」などの，女性に人気があるゲーム機である．ここには，可処分所得を持つオトナの女性と女子高生たちがかかわっている．

(2) 続いて，1988 年に始まった「郊外型アミューズメント施設」の展開に際して（セガ・エンタープライゼスの研究開発部によって）新たに開発された幼児用キディライドや「AS-1」などの大型遊具を取り上げる．これらは，ファミリー層に向けて開発された．

(3) そして，1990 年以降に都心に展開された「都市型アミューズメント

施設」に設置された，デート目的にもかなう業務用ゲーム機（と「カジノコーナー」）．さらに，お台場などのデートスポットに（1994年以降に）展開された「（都市型）アミューズメント・テーマパーク」のために開発された，大型アトラクションや遊具について述べる．これらのパークアトラクションや，その技術を応用したテーマレストランについては，カップル，若者，そしてファミリーという幅広い層の来場者が，それらを楽しんでいる．

ところで，本節では，「かわいい」ゲーム機やアトラクションについての歴史的な解説に先立って，本稿で説明するインタラクティブ・メディアが，どのようにして女性の心を引きつけるのか，その「仕組み」をごく簡単に解説しておきたい（詳しくは後述する）．

2004年のアミューズメントセンターに，「女の子向け」のカードゲーム機の傑作が登場して，大ヒットした．セガの「オシャレ魔女♥ラブ and ベリー」である．このゲーム機では，ラブ（14歳，おとめ座）とベリー（14歳，さそり座）の二人のかわいい女の子が案内役になって，目の前にあるゲーム機のモニター画面の中のバーチャルな世界（後述）に，プレイヤー（の気持ち）を導き入れる．このゲーム機は，その対象を，幼児から小学生までの女の子と想定して開発された．

さて，プレイヤー（の女の子たち）は，画面の中に登場する自分の分身を使って，ラブとベリーに導かれ，「背景の TPO に合わせた着せ替え遊び」を楽しむことができた．つまり，彼女たちの，「もしも彼氏がいたら一緒に行きたい」と思ったオシャレな場所がディスコだったら，プレイヤーはディスコをお出かけ先に選んで，その場所で，自分の洋服や髪型を（手持ちのカードの中から）自由に取り替えて，「こんな場所ではこんな洋服を着たい」という「なりたい自分のおしゃれ」を楽しむことができたのだ．分身が出かけられる場所（ゲーム画面の背景）は，ディスコ，ストリート，アイドルステージなどである．また，ダンスゲームにも挑戦できて，そのできばえをコンピュータが採点してくれた．

そうした素晴らしいエンタテインメントの世界は，購入した「オシャレま

ほうカード」を機械に読み込ませると，プレイヤーの前の「画面の向こう」に，すぐに現れた[2]．その不思議なカードは，プレイヤーが 1 回 100 円のコインを投入してこのゲームをプレイするごとに，ランダムに 1 枚ずつ，機械から出てくるようになっている．これらのカードの 1 枚 1 枚に違った種類の洋服や髪型のデータが記録されているので，それらをためておいて友達と交換すれば，自分の分身に似合った洋服などをコレクションできるのだ．このゲーム機では，そんな仕様が好まれ，累計 2 億 7300 万枚（2008 年 6 月末の公式発表）という膨大な数のカードが販売された．

ところで，そんなゲーム機には，共通した特徴がある．①プレイヤーの側からアクションを起こさない限り，変化が起きないこと．そして，②アクションを起こせば，そこで期待される結果が（ある条件の下に）リアルタイムに（直ちに）得られるシステムであることだ（筆者が説明に使っているシステム構成図を，あとの節に載せた）．もちろん，すべてのゲーム機は，こうした「インタラクティブ」な仕様に則って作られている．大ヒットした「ラブ and ベリー」というゲーム機の場合には，100 円玉を投入すればリアルタイムに「自分のなりたい自分」が画面の中に現れることから人気になったのだ．

ちなみに，この作品の開発者は，「ムシキング」の開発者としても有名な植村比呂志である．「ラブ and ベリー」は，セガにとっては，KR-I についての豊富な開発経験が生んだ大ヒット作の一つだったということを，このあとの本稿で説明してみたい．

2. 「アミューズメントセンター」に女性がやってきた時代

さて，KR-I についての顕著なできごとを，筆者ら[3]は，1990 年ころのアミューズメントセンターで初めて目にしている．

1978 年に，タイトーの「スペースインベーダー」が登場したとき，駅前の一等地の大型喫茶店は（大儲けを期待して）軒並みゲームセンターに変わっていった．しかし，ゲームセンターの顧客の 95 ％以上は，男だ．ナムコの岩谷徹が開発した「パックマン」（1980 年）のような女性やカップルをメイ

ンターゲットに絞った作品も登場したので，女性客がいない，というわけでもなかったのだが，ほとんど目にしない．背中を丸めた男たちが，うす暗いゲームセンターで，「ギャラクシアン」（1979 年）や「ミサイルコマンド」（1980 年）などのシューティングゲームの大ヒット作に撃ち興じていた．女性専用トイレも，なかったくらいだ．やがて，ゲームセンターでヒットした業務用ゲーム機のコンテンツ（ゲーム作品）が移植されて，家庭用ゲームソフトの市場が立ち上がる．しかし，まだ 1980 年代のビデオゲームは，熱い男たちの世界だったし，家庭用ゲーム機ファンの聖地，秋葉原にも，若い女性の姿は，ほとんど見られない．そうした雰囲気の 80 年代のゲームセンターに，女性客が訪れたのだ．

「UFO キャッチャー」というクレーンゲーム機がある．初代の「UFO CATCHER」は，1985 年にセガ・エンタープライゼスが開発してアミューズメントセンターに設置された．このゲーム機の筐体（きょうたい，本体部分）を遠目に見ると，ガラス張りの水槽のような形をしている．これは自動販売機の一種で，お金を入れれば，空飛ぶ円盤型のクレーンを景品の取れそうな位置に動かすことができる（プレイヤーがボタンを押している間，リアルタイムにクレーンが移動する）．このゲーム機には，最初に子どもの顧客がつき，やがて，女性の顧客がついた．ガラス越しに見える景品（「ぬいぐるみ」など）は市販の商品ではないため，ここでしか手に入らない，かわいいものが多かったので，欲しいと思ったら（100 円を入れて）クレーンを適当な位置まで動かして，そのあとクレーンが自分で景品をつかんで筐体の外に運び出してくれるのを（期待を込めて）眺めているしか仕方がない．しかし，1 回 100 円なのだから，ベッドの枕元にも飾れる高額そうな「ぬいぐるみ」が，そんな安価で手に入ったら，とてもラッキーだ．当初は，韓国から輸入した「落ち物」，つまり，ほつれなどがあってはねられた B 級品の「ぬいぐるみ」を景品に使って人気が出たのだが，景品価格の上限が 1990 年に 500 円に上げられたことから（1997 年以降は 800 円），「アンパンマン人形」のシリーズなどが景品に登場して，爆発的な人気となった．

続いて，アミューズメントセンターに，「テトリス」（1988 年）という業

務用ゲーム機が登場した（「テトリス」については，次に説明する）．「UFOキャッチャー」（1985年）と「テトリス」，そして，1995年に開発された「プリント倶楽部」（プリクラ）の三つのゲーム機の登場をきっかけにして，アミューズメントセンターに女性が訪れるようになった．最後に登場した「プリクラ」は，自分（たち）の顔や姿を撮影すると，そこに文字を書いたり，落書きができて，その写真が小さなシールに印刷されて出てくる撮影機械の商品名である．放課後の女子高校生たちが来店して，グループで写真を撮りシールを交換することから，プリクラは大ブームになった．

具体的に，どんなふうにアミューズメントセンターに女性客が増えていったのか，その様子を「テトリス」という大ヒット作に見てみよう．このゲームは，元来ソビエト連邦の科学者アレクセイ・パジトノフらが教育用ソフトウェアとして開発した「元祖・落ち物パズル」だった．セガ・エンタープライゼスが，アミューズメントセンターに初代のゲーム機を，1988年に設置している．そのあと，任天堂の家庭用ゲーム機でも大ヒットになり，現在，車中の女性たちがスマホで熱中している「落ち物パズル」は，その子孫たちにあたる．上から落ちてくる，カラフルな色の落ち物のブロックピースが画面の上端まで積もってしまう前に，レバーとボタンの回転操作で同じ色のブロックを横に並べて，ブロックピースが消えれば成功である．セガの業務用ゲーム機（通称「セガテトリス」）が，国内でのこの種のゲームの火付け役になった．最初に，若い男性やスーツ姿のサラリーマンがこのゲーム機に熱中し始めたのだが，そこに可処分所得を持ったオトナの若い女性客の姿が，徐々に加わるようになったのだ．

男性客ばかりだった施設の店頭に，ぬいぐるみや落ち物のかわいさが際立つ「UFOキャッチャー」と「テトリス」が並んだことで，そこに集まる女性たちの姿が目立ってきた．そのとき，ゲームセンターの店長は，これらの女性にも好まれるゲーム機を，店頭から，徐々に店の奥へと移動させたのである．可処分所得を持った女性たちが，こうして店の奥まで導かれた（「ハーメルンの笛吹き男」である）．その室内の壁の色も明るくした．「テトリス」後継機の「コラムス」（1990年）などもヒットを続けたので，女性客の割合

も30％くらいに増加して，女性専用トイレも用意された[4]．そこに（1995年に）「プリクラ」が登場して，そして気がつくと，世紀の変わるころには，アミューズメントセンターの来場客の半分は女性になっていた．現在でも，この比率は変わっていない（したがって，仮に，女性客の売り上げを2倍にするゲーム機が開発されれば，それだけで店舗の売り上げは150％に伸びるのだ．こんなことに，どうして誰も気がつかないのだろう）．

ともあれ，ここまで紹介してきたのは，男ばかりのゲーム施設に（勇気を持って）「女性のほうから」来店した，という1990年代初頭のできごとである．筆者は，このことでは，女性客の勇気は称賛に値すると考えている．

3. そしてトレンドは，郊外型施設・複合型施設・テーマパークに向かう

しかし，この次の進化のきっかけとなったのは，セガの研究開発部のほうからゲームセンターとはまったく異質の顧客がいる場所に分け入って，KR-Iの新しい市場の獲得に成功したという事例だった．セガがアミューズメントセンターの顧客ばかりを眺めていたとしたら，その後の躍進は見られなかったに違いない．

アミューズメントセンターに「テトリス」が登場したころ，セガは，車で出かけることを前提にした，米国のような「ロードサイドビジネス」に力を入れようとしていた．具体的には，広い駐車場があるスーパーマーケットや外食施設という環境に，250坪以上の「郊外型アミューズメント施設」という新しい店舗形態の出店を始めたのである．それは（当時）セガの施設運営部門にいた野崎佳久の発案で，1988年から積極的に展開が進められた[5]．

結論から言うと，「母親と幼児」が主役の郊外のスーパーマーケットに，セガの手持ちの男性用ゲーム機を並べても，売り上げが上がるはずもない．しかも，その施設の広さは250坪以上あって，だだっ広いので，すぐにも，だだっ広い施設の真ん中に何かを置いて，その施設がファミリー向けの場所であると宣言するためのシンボルになる大型遊具が必要になった．最初，野崎は，メリーゴーラウンドとか「くまさんのミニミニ電車」（母親と幼児が

乗れる）を他社から買ってきて，置いていた．

　8人乗り4軸油圧制御の体感劇場「AS-1」(1992年)というシミュレーション・ライド機が，この穴を埋める目的で作られようとしていた．このとき，世界に知られた特撮監督でムービーライド（「体感劇場」）の発明者，ダグラス・トランブルにその映像制作を依頼して，ブタの顔をした宇宙戦闘機パイロットが大活躍をする冒険譚を作ったことから，セガは幸運にも，テーマパーク・アトラクションというファミリー向け施設の開発技術を自分たちの技術として獲得することができ，（ここでは詳しく述べる紙幅がないのだが）インタラクティブなパークアトラクションという日本発の斬新なアトラクションを何機種も開発することができたのだ．ちなみに，「体感劇場」は，大きな画面の高精細の映画にあわせて座席がびっくりするほど動くので，ファミリーやアベックの観客が，画面の向こうに見える「バーチャルな世界」に容易に没入してしまうという遊戯装置である．大画面のシューティング・ゲームと揺動（モーション・デザイン）を組み合わせる技術などを習得できたので，セガは，お台場の「東京ジョイポリス」にあるようなデートカップルのための大型アトラクションを，30数機種作ることができた．

　もう一つ，これは，直接のKR-I開発の事例である．郊外型施設は幼児のいる場所なので，母親と幼児が一緒に揺られる「かわいい」キディライドが必要になった．それまでのアミューズメントセンターには，キディライドの需要など，あるはずもない．それで当初は，筆者らには開発のノウハウがなく，これも買ってきたものを置いていた．ところが，当時新入社員だった植村比呂志が，ライドのダッシュボードにビデオモニターを載せる仕様を思い付いて（セガが特許を取得している）インタラクティブなゲームの趣向を，揺れているだけだったキディライドに付け加えた．幼児がダッシュボードのボタンを叩くと，画面の中で，カーレースなどが始まるのだ．そして，「わくわくアンパンマン」というキディライドでは，アンパンマンカードが1枚，プレイしたあとに「おまけ」で貰えたので大ヒットした．植村の名前は，カードゲーム「ムシキング」や「ラブandベリー」の開発者として，すでに紹介した．ちなみに，彼は，キディライドを開発した3年後に，「AS-1」公式

第 2 作の（インタラクティブ型の体感劇場という日本発の仕様の）「スクランブル・トレーニング」（1993 年）という傑作を開発している[6]．

そうした機械が並んでいる郊外型のアミューズメント施設については，内装も明るくして窓も広く取ったので，夜には外から，広い窓を通して内部が素通しに見えた．それで不良の溜まり場にならず，保護者からは「よその汚いゲームセンターに行ってはいけないけれど，セガの施設だったら行って良い」と言ってもらえたのだ．

このように，郊外型施設の展開に際しては，研究開発の筆者らも得るものが多かったのだが，セガ全社の売り上げにもそれは反映された．セガの施設運営部門での売り上げが急速に伸びたことから，他社のゲームセンターでも「セガの施設では儲かっているらしいぞ」と噂が広がり，世界中のゲーム場の店主たちが，セガの機械を買い付けに来た．それで，セガのゲーム機器を他社のゲームセンターに販売している販売部門の売り上げも急伸した．おまけに，このころには，家庭用ゲームソフトの世界的な大ヒットが加わったことで，1989 年 4 月に 550 億円だったセガの売り上げは，4 年後の 1993 年 3 月には，なんと 3470 億円まで一気に伸びた[7]．元は外資系だったセガの株式を米国から取得してセガの会長になった CSK（セガの親会社）の大川功は，「戦後の M&A の内で最も成功した事例だ」と，経済界から高く評価された．

また，ファミリー向けテーマパーク・アトラクションの「AS-1」の開発時に身につけた要素技術は，岐阜県各務原市のオアシスパークに，潜水艦の内部のような内装で作られた水中探検レストラン（テーマレストラン）「フィッシュ・オン・チップス」（1999 年）を独自の技術で開発・運営したときなどに生かすことができた．ここでは，3 m × 12 m という巨大なスクリーンに川底の映像が投影され，それを背景に，岐阜県の川魚の四季や荒俣宏から提供された世界の淡水魚の生態が，CG ボードからのリアルタイムの描画で描かれていた．家族たちは食事をしながら，机上のタッチパネルを操作して，巨大スクリーンで泳いでいる「かわいい淡水魚」たちの解説を読むこともできた．これ以外の都市型テーマパーク・アトラクション開発の話題については，紙幅の都合で別稿に譲るが，この「フィッシュ・オン・チップス」

が，通産省の共催するマルチメディアグランプリ '99 でシアター展示部門の最優秀賞に輝いたことや，「AS-1」の「スクランブル・トレーニング」に乗ったマイケル・ジャクソンが自分から「ボクもこの作品に出たい．ノーギャラで良い」と言い出して，作品の別バージョンが作られたエピソード[6]などは，当時のセガのアトラクション開発技術が世界最高のレベルだったことを明確に示していた．

こうしたことがあって，1992年ころまでに筆者ら研究開発部は，ファミリー向けや女性向けのゲーム機を開発できる技術と手法を身につけていた．ところで，1990年代に入ると，大都市でも（バブルの崩壊から）建物の保証金が一気に安くなったので，駅前の一等地の建物の大部分を借り受けて，若者向けのオシャレな「都市型アミューズメント施設」を設営しても，採算がとれるようになってきた．代表的な店舗として，大阪の天保山マーケットプレイス「シネセット」（1990年7月開業），上野「パセラ」（1992年4月開業），六本木「GIGO」（ギーゴ，1992年9月開業）などの華やかな施設を，セガの運営部門（野崎たち）が作っていった．

特に，「六本木GIGO」は，新聞にも取り上げられて大きな話題になった施設である．内装には，モアイやシュールな太陽が並び，トータルコンセプトは「シュールレアリスム」．1F「異次元世界への門」，2F「閉ざされた無限の空間・宇宙」，3F「古代世界と未知なるもの」，4F「貴族社会と現代社会」というバブリーな内装（ただし，内装に実際にかけた経費は見た目より安価）のアミューズメント複合施設で，夜の10時くらいになると流行の「ハイパーホッケー」などの人気ゲームの周辺は，6割以上がオシャレな若い女性たちで占められて，にぎわった．人気者の若い芸能人たちが，ここには頻繁に（スタッフたちが，ああ，また来ている，と慣れるくらい頻繁に）来店して遊んでいた．さらに，ルーレットやカードゲームなどが世界の一流カジノと同じルールで体験できる「カジノフロア」（日本カジノスクール公認）が4階にあって，きびきびとしたカジノディーラーたちが，あざやかな手つきで，カードを巧みにさばいていた[8]．

3. そしてトレンドは，郊外型施設・複合型施設・テーマパークに向かう

4. 「インタラクティブ」って何？

　ここまで，KR-I を仕様とした業務用ゲーム機の事例を，いくつか見てきた．
　さて，「プリクラ」に，友達と一緒に入ったら，思いっきり変顔を作ってみよう．そして，機械の音声案内に従えば，あなたの変顔は「静止画」になって，モニターの中に映しだされる．さて，ここからである．タッチペンで，写真の鼻の下を軽く触ってみてほしい．チャップリンのような，ちょび髭が描けたはずである．
　1963年に，「スケッチパッド」というコンピュータのまったく新しい使い方を，アイバン・サザランドという大学院生が発表した[9]．それまで，電子計算機には，電卓と同じことしかできない，と多くの人が思い込んでいたのだ（正確に言えば，電算機の機能の一部が電卓になったのだけれど）．そんなとき，サザランドが，コンピュータのディスプレイの上に万年筆のようなもので CG（コンピュータ・グラフィックス）を描く方法と，コンピュータへの命令の仕方を「発明」した．それが現在，皆さんが「プリクラ」のお絵かきのときに当たり前のように使っている，タッチペンによる入力方法なのだ．
　図 5-1[10] で，入力装置を隠せば，これは「映画」の構成図になる．ちょっと考えてみてほしい．皆さんは，映画を見ている間，いったい何をしているのだろう？　2時間半，白い壁に向いて座り，じっとしたままでいる．違うだろうか．
　小津安二郎の『東京物語』という映画を，皆さんは観たことがあるだろうか．最初に，笠智衆と東山千栄子の老夫婦が，かばんに空気枕などを詰めている

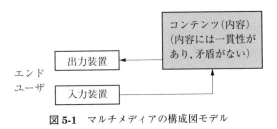

図 5-1　マルチメディアの構成図モデル

場面があるのだが，その場面では映画の観客は，老夫婦のいる部屋を，自分がまるで「縁側」に座って家の中を覗き込んでいるような角度から眺めている．しかし，観客が映画館で実際に見ているのは，「白い壁」だったはずだ．ところが，映画を観ている間は，なんだか白い壁（スクリーン）の向こうに，本当にこんな人たちがいて，そこで生活しているように思えていたのではないだろうか．……こう書いていて，若い人がそもそも，縁側を知らないことを思い出した．申し訳ない．この話は，若い人には先に「えんがわ」について調べて貰った方が良さそうだ．ともあれ，映画のスクリーンとスピーカ（この図の「出力装置」）の向こう側には，何か内容の一貫した「物語の世界」，つまり，ある世界観を示す「シナリオ」や「カメラアングルという『ある視点』から見た物語世界の映像」と，その映像に「同期した音声」などから構成されているコンテンツ（作品）があるように感じられるはずなのだ．これが，お芝居の舞台だったら，演じているのが仮に不倫報道渦中の人気俳優でも，観客が舞台の上に観ているのは，例えば「ハムレット」や「ギリシャ悲劇」の（内容が一貫した）物語の世界である，ということになる．

　この映画の世界に，ゲーム機のコントローラーなどの「入力装置」を付け足して，少し隠し味を加えると，観客は映画の世界を意のままに操作できて，登場人物に自分の代わりにテニスをさせたり，車に乗らなくてもレース場で車を運転している感覚（錯覚）を味わえる．観客は，自分でハンドルなどの「入力装置」を操作した結果を，リアルタイムに映像や音の変化で楽しむことができるのだ．大昔には，「光あれ」と言ってリアルタイムに「光」を現わせたのは，神様だけの特権だったのだから，人間も進歩したものだ．

　それでは，もう一度（入力装置を隠して）この図を，改めて見てほしい．そして，この出力装置が，赤塚不二夫の描いた漫画『ひみつのアッコちゃん』のひみつの鏡になっていると，そう思って，見てほしい．「テクマクマヤコン，テクマクマヤコン，○○になれ〜」．あれっ？　アッコちゃんの漫画では，鏡の中の自分だけじゃなくて，鏡の外の自分まで変身してしまった．じつは，これに近いことを，大がかりな舞台装置を実際に作って行っているのがディズニーランドだ．シンデレラ城の近くに行って，お城のそばに立ってみた人

4.「インタラクティブ」って何？

は,「自分もシンデレラの映画の登場人物になったみたいで,映画のエキストラの一人になった気がする」と思わなかっただろうか? こうした場合に人間が感じる臨場感,つまり,リアリティの特徴について研究する学問があって,どうすれば効果的に他人の脳を気持ちよく錯覚させて,臨場感を高めることができるのかを研究しているのが,バーチャル・リアリティ(VR)である.ディズニーランドは,ディズニー映画のスクリーンの大きさを無限大にしたのと同じ効果を作ることで,来場客の臨場感を高めている.「AS-1」のような体感劇場型のVRエンタテインメント・システムでは,図5-1の「出力装置」として,大きなスクリーンとスピーカー,そして,それに同期する揺動装置を用いていることから,プレイヤーの臨場感が高まるのだ.

そこに「入力装置」を加えてみよう.あなたが,「画面の向こうの世界」に何かを入力した結果が,映像の変化や体感として,あなたの脳に戻ってくる.それは,「インタラクティブな操作」を,あなたが行ったということだ.そこでは,①あなたが入力しない限り,変化は生じない.そして,②入力すれば,そこで期待される結果が,リアルタイムに得られている.渡し守が舵の角度を調節すれば,川の対岸の渡し場に船がまもなく着くのと同じことで(これが,有名な「サイバネティクス」の説明である),UFOキャッチャーのクレーンをプレイヤーが操作すれば,狙ったぬいぐるみが手に入るのだから,ゲーム機は,「入力」をコントロールして「出力」を調節する「サイバネティクス」の一つだ.だから,この図では「コンテンツ」と書いてある場所を,「サイバースペース」とか「バーチャルな世界」に書き直しても,まったく問題がない.要するに,「プリクラ」に友達と一緒に入ったとき,ちょび髭が「画面の向こう」にタッチペンで上手に描けた,ということと同じなのだから.

5. 結論とあとがき

アミューズメントセンターなどに設置されている業務用ゲーム機のうち,KR-I仕様のゲーム機が,これまでに多くの女性たちの「なりたい自分になる」願望などをかなえてきたことを,ここでは解説してきた.ところで,筆

者は，このような「なりたい自分になれる」というインタラクティブ・ゲーム機の特徴が，介護の領域にも活用できることを以前から主張している．例えば，「ラブ and ベリー」では，自分が行きたい場所や，なりたい自分を選択することができた．したがって，簡易な没入感の高い VR 装置（詳しい説明はここでは略すが，例えば HMD）を用意することができれば，寝たきりの要介護者でも外出した感覚を味わうことができるし，外出先にバーチャルな仕事場を用意しておけば，実際に要介護者がその場所で働くこともできる．つまり，（男女を問わず）要介護者のための介護技術にも，この技術は応用できるということになる．

事実，「ラブ and ベリー」をセガが展開していたときにも，このゲーム機を使えば母親が洋服の TPO を自分の娘に教えられることから，カードに印刷されたデザインの洋服を，実際に母娘がお揃いで購入できるショップ「LB Style Square」を有名百貨店などに出店したところ，商品が奪い合いになる混雑の大人気となった．つまり，「ラブ and ベリー」自体は女の子に夢を提供するためのゲーム機だったのだが，母親を巻き込んだことで，バーチャルな世界の「なりたい自分」には，現実の人間に変化を与える潜在力や強い影響力がある，ということを，図らずも証明してしまったのだ．

さて，横幹連合副会長の遠藤薫は，「かわいい」について，こんなふうに述べている．「可愛いは，可哀そうにポジティブな意味（哀しみの美学）を見いだしており，興福寺の阿修羅像や，伏見稲荷大社の神狐の土人形（みやげもの），竹久夢二の作品などを見てみると，かわいいは，不完全・弱い・劣っているとされるものへの愛と包含を表していることが分かる」というのだ[11]．

そもそも，大人に比べると「不完全で弱くて劣っている」存在である子どもが，子猫などを「かわいい」と言って（弱いのに）庇護しようとしているのだ．その姿を見た大人は，弱い存在の子どもが，「強い大人から，自分も子猫と同じように庇護されると嬉しい」と期待するサインを，そのとき，その姿から感じているはずで，子どもが大人に対して無意識に示す依存心に気づいて，大人は子どもを「かわいい」と思うのではないだろうか．

ということは，ここまで解説してきたKR-Iというメディアについては，インタラクティブという仕様で，「かわいいものにすぐに手が届く可能性」が実装されていることが，もちろん最も重要な要件ではあるのだけれど，「かわいい」自体に，そもそも大人を引きつける魅力があったようなのだ．つまり，映画であれば，スクリーンの向こうに描かれている「かわいい」情景が，そもそも，大人が持っている「依存されると嬉しい，頼られれば嬉しい」という気持ちをくすぐるものだったのではないだろうか．以上の考察から，KR-Iのゲーム機については，この二つの機能を併せ持っていることで（誰にも気づかれないうちに）人間を魅了する最強のシステムになっていた，と言えるのではないだろうか．以上，本稿では「かわいい」コンテンツを扱うインタラクティブ・メディアの（主に業務用機の）歴史について概観した．

謝辞

最後に，KR-Iという新しい切り口から，インタラクティブなゲーム機とその可能性を論じる機会を与えていただいた遠藤薫先生と，私を横幹連合という活動に結びつけてくださった大倉典子先生に深く感謝を申し上げる．なお，ここに記したアミューズメント施設に関する所見は，あくまでも私個人の意見であることを書き添えておきたい．

第6章

複製技術と歌う身体
―― 子ども文化から見た近代日本のメディア変容

周東 美材

1. はじめに

　本稿は，近代日本社会における音響の複製技術が，子どもや家庭空間と結びつきながら大衆化し，「カワイイ」歌声を生み出すようになっていくプロセスについて，1920年代前後の童謡を中心に考察する．

　1920年代は，レコードやラジオといった音響の複製技術が大衆的に普及したメディア変容の時代だった．これらのメディア技術の登場はコミュニケーションのありようを刷新し，とりわけレコードは音楽文化に決定的な影響を及ぼした．一連のメディア変容のなかで本格的に形成されたのは，従来の民俗音楽や芸術音楽とは異なる「ポピュラー音楽」という新たな音楽のあり方だった．「ポピュラー音楽」とは，「大量複製技術を前提とし，大量生産〜流通〜消費される商品として社会の中で機能する音楽であり，とりわけ，こうした大量複製技術の登場以降に確立された様式に則った音楽」[1] (p.9) のことである．

　1920年代に大衆化していったメディア技術は，ポピュラー音楽を日常的なものにしていった．しかし，メディア技術は，社会や音楽文化に対して一方向的で均質な影響力を及ぼすわけではない．というのも，一般に，新たな

メディア技術の用途はあらかじめ定まっているものではなく，むしろ社会的な受容や普及のプロセスのなかで取捨選択されていく側面も大きいからだ．そもそも録音技術は，はじめから音楽のためのメディアとしての使用が想定されていたわけではなかった．よく知られているように，発明当初の蓄音機は，速記，目の不自由な人のための音の本，話し方の教授，遺言の記録，玩具，教師の説明を再生する教育装置などのメディアとして使用されることが想定されていたのであり，音楽の再生機として蓄音機を使用することは，あくまでこうした利用法の一部として考えられていたにすぎなかった．つまり，このメディア技術は，社会的な受容と普及のプロセスのなかで，音楽のメディアとしての性格を確立していったのである．

　音楽のメディアとして利用されるようになってからも，録音技術には社会的な特徴が刻印されることになった．録音技術が音楽のメディアとして利用され大衆化していくためには，レコード産業の成立，専門的な職業音楽家の確立，販売網の整備，都市新中間層の形成などといったいくつもの社会的な条件が必要だったからである．しかも，これらの社会的条件が整ったとしても，そこからどのような音楽文化やコンテンツが生み出され好まれるかは，その社会に固有の歴史的な文脈に応じてまさしく千差万別である．

　例えば，アメリカのように「白人文化」と「黒人文化」が明確に対立してきた社会では，そうした歴史性がメディア技術の利用の仕方や音楽文化のあり方にも深い影響を与える．アメリカにおけるジャズ，リズム＆ブルース，ヒップホップなどの誕生は，こうした歴史性を抜きに考えることはできないだろう．

　複製技術に媒介された近代日本のポピュラー音楽もまた，近代日本社会という歴史性を刻印されながら生み出されていった．近代日本社会のなかでレコードが大衆的な音楽のメディアとして普及していく際，とりわけ重要な契機になったのは「家庭」での利用だった．「家庭」という規範的な社会空間は，音響の複製技術の社会的受容を促し，近代日本の音楽文化，とりわけ「カワイイ」歌声の誕生を促す決定的な働きを担ったのだ．

　そこで，本稿では，まず，「家庭」とレコードとがいかにして関係づけられていったのかを考察し（第2節），次に，その関係のなかで生み出され産

業化されていった「アイドル」としての童謡歌手について考察する（第3節）．そのうえで，録音技術とレコード産業によって「カワイイ」歌声が生み出されていったことを明らかにする（第4節）．

2. 家庭とレコード

音響メディアと一家団欒

　日本社会における蓄音機やレコードの普及と大衆化は，1920年代に始まる．1914年に126,098円だった蓄音機の国内生産金額は，1920年には5,616,301円へと激増した[2](p.16)．この急拡大を支えた購買層のひとつが，そのころ都市に形成されていった「家庭」という新しい社会空間だった．レコードの制作者にとって，「家庭」は巨大なマーケットだったのであり，安定的で魅力的な収入源だったのである．

　「家庭」を形成したのは，都市部の新中間層という社会階層だった．1910年代後半から1920年代にかけて，日本社会は大きな変動の時代を迎え，産業資本主義の発展に伴って東京，大阪，京都，神戸，横浜，名古屋の六大都市への人口流入・集中が加速していた．地方の士族，農家・商家出身の次男，三男たちは，学校教育を受けるために出郷し，故郷での家業や生産手段を継承することなく都会で就職した．彼らは，サラリーマン，官吏，職業軍人，教師，銀行員などになり，肉体労働ではなく頭脳労働によって俸給を得る新たな中間層を成立させていった[1]．彼らの営む生活は，故郷の生活とも職人や商人といった旧来の都市の中間層の生活とも根本的に異なっていた．

　都市新中間層は，「近代家族」と呼ばれるような，近代国家によって制度化され規範化された家族のあり方を体現していった．近代家族は，ロマンティックラブ，異性愛，母性，一家団欒などのイデオロギーを前提として構成された家族であり，夫婦が恋愛をつうじて出会い，夫が外で働いて妻が家を守り，血縁者のみで構成された家庭のなかで，子どもを愛情深く育てることを自明とするような，21世紀の我々にとってもいまだに馴染みのある家族のあり方である[2]．

このような近代家族の制度や規範は，目指すべき家族のあり方として明治期の政治家や知識人たちによって提唱され導入されたものであり，「家庭」もまた home の翻訳語として輸入された新語だった．だが，近世以来の暮らしを引き継いでいた 1920 年代ころまでの多くの人びとにとっては現実的な家族のあり方ではなかった．近代家族や家庭は，人類に普遍的なものでもなければ，自然なものでもなかったわけだが，旧来の生活基盤を持たない大正期の都市新中間層のあいだで次第に体現されていった．

　都市新中間層は，新しい家庭生活のあり方として「一家団欒」の理想を追求していった．例えばそれは，手料理で食卓を囲んだり，子どもに本を読み聞かせたりすることなどであった．注意する必要があるのは，こうした一家団欒の理想と実践は，近代家族以前の家族生活のなかではけっして一般的なものではなかったことである．

　一家団欒を実現するためには，具体的な身体的実践や空間的・技術的な基盤が新たに必要となった．家庭での一家団欒の実現を目指して創出された象徴的な空間が，「茶の間」であった．もともと「茶の間」は，明治期までの家屋には存在せず，1916 年ころから家屋の新たなモデルとして考案されたものだった．「茶の間」は，近代日本の家庭生活の姿を見えるかたちに析出し，一家団欒の空間となっていったのである [3]（p.34）．

　都市新中間層は，一家団欒という理想に動機づけられることによって，同時期に台頭しつつあったメディア産業と結びつき，文化的で，アットホームで，清潔なライフスタイルを求めるようになっていった．その背景には，第一次世界大戦の戦時好況を経て衣食住への欲求がある程度満たされ，教育・娯楽・趣味などの生活の随意的・選択的な部分に対する関心が強まっていたことがあった[3]．家庭とメディア産業が結びついていくなかで，百貨店で婦人服や子ども服を買い，栄養や衛生や美容を気遣い，文学全集を揃え，郊外の遊園地で遊び，少女歌劇を観るというような新たな家族の日常性が形成された．

　蓄音機やレコードといった複製技術もまた，このような新中間層の家庭へと結びつくことになった．それまでの蓄音機やレコードは，一般の個人宅で使用されるようなメディアではなかった．だが，1920 年代に入ると蓄音機

は家庭へと入り込み，国内生産金額は急速に増大していった．空間的に鳴り響く音響メディアは，黙読の読書実践を基調とする活字などと比べても共有性の高いメディアであり，一家団欒を実現する道具としては大変都合が良かったわけである．

「まず子供から」――転換するレコード産業

　家庭での一家団欒の中心は子どもだった．一般に近代家族とは子ども中心主義を基本的な特徴とする家族である．なかでも日本型の近代家族は，欧米や東アジアの諸地域と比べても子どもを重視する傾向が顕著だった．欧米型の近代家族では，親子愛よりも夫婦愛の方が優先されるし，韓国社会では日本のような閉鎖的な核家族を形成しておらず，台湾社会では子どもは母親ではなく一族の宝として父系家族の間で育てられてきた[4]．これに対して，日本社会の近代家族においては，他の社会の近代家族にはないほど，子どもに重要な意味が与えられてきたのである．こうした子どもをめぐる近代家族の規範性と家庭空間は，「カワイイ」メディア・コンテンツが生産され消費されていく素地となった．

　音響メディアが大衆的に普及し，レコード産業が本格的に形成されていく1920年代において，業界各社は商品開発をめぐる戦略の要は，家庭の子どもをおいてほかにないと考えていた．それまでのレコード会社は，独自の楽曲制作体制を持っていたわけではなく，既成の芸能，特に浪花節などの口演を録音するのが主流だった．桃中軒雲右衛門や吉田奈良丸などのレコードが吹き込まれたが，巷間での既存の人気を頼ったものであったし，しかもそれらは「語り」の芸能であって，楽曲ではなかった．日本初の流行歌レコードとされる松井須磨子『カチューシャの唄』にしても，舞台公演から火の点いた流行の楽曲がレコード化されたにすぎず，レコード会社は世の流行を後追いしただけだった．

　このような業界内の体制を再編していったのが，子ども向けのレコードだったのである．子ども向けのレコードは，レコード産業が新作を作り出し，自ら流行を仕掛けていこうとする仕組みが形成されていくきっかけとなった

のだ.日本蓄音器(のちのコロムビア)の元社員・森垣二郎の回想によれば,「まず子供から,というのは各社の期せずして一致した企画」となり,子ども向けの音盤制作を契機として「レコードが新作ものに手をつける時代」が訪れ,これによって「大人の世界を対象とした流行歌も新作の時代に移った」という [5]（pp.34-35）．新作楽曲をレコード会社自らが制作し商品化するというメディア技術の利用法,今では自明となっている利用法自体が新しかったのである．このような発想と制作体制の転換が訪れたのは,1916 年ころのことだった.

やがて,1918 年に作家の鈴木三重吉,北原白秋らが,芸術性を強く打ち出した童謡の創作運動を興した．当代の一流詩人・音楽家たちがこぞって子どもの歌謡の創作に熱中していったのである．こうした例は近代日本社会以外には見当たらず,世界的にも特異な現象だが,童謡はおおいに流行し日本中を駆け巡っていった．童謡人気の高まりに伴い,子ども向けレコードの吹き込みはいっそう加速し,次節で述べるような童謡歌手が量産されるようになった．童謡をはじめとする子ども向けレコードは,いうまでもなく家庭を主たる購買層と見込んで制作されていた.日本において録音技術が大衆化し,ポピュラー音楽が本格的に形成されていく歩みのなかには,このような近代家族の子どもをめぐる文化的・歴史的特徴が色濃く刻印されていたのである．

3. 「アイドル」としての童謡歌手

童謡歌手の誕生

子ども向けの音盤制作に力を注ぎ始めたレコード産業は,次々に子どもの歌い手をデビューさせていった．そのきっかけを作ったのは,作曲家・本居長世の娘・みどりだった.

本居みどりは,1912 年,国学の名族の長女として生まれ,父による音楽の手ほどきを受けた．1920 年には,有楽座で童謡を独唱して注目を集め,11 月 29 日の『国民新聞』には「ホロリとさせた／みどり嬢の独唱／将来はきっと楽壇の／大ものに成る人／本居長世氏の令嬢（8つ）」という見出し

が躍った．記事は，「可憐な唄がみどりさんの紅い小さな薔薇の蕾のやうな口から如何にも子どもらしい自然な哀調を帯びた表情で唄はれる」様子，「可憐な独唱家」が観客の心を捉える様子を伝えた．

良家の「令嬢」が人前に出て歌ったということが，当時の聴衆にとって，きわめて珍しいものでありセンセーショナルなものだった．そもそもみどりの登場以前には，女児が単独でステージに立って歌うという慣例はほとんどなかったからだ．『国民新聞』の記事のなかにも「独唱」という言葉が用いられているが，この公演形態自体が話題をさらうものだったのだ．

図 6-1 「童謡のうたひ手として有名な最近の本居みどり嬢」（出典：『金の船』[6]）

ただし，みどり以前に，女児が単独で舞台に上った芸能としては，18世紀末から大正期にかけて爆発的な人気を博した娘義太夫を忘れることはできない．娘義太夫は，江戸期以来何度も禁令が出されたほど流行し，明治期には「ドースル連」と呼ばれる熱狂的な男性ファンを生み出した．その人気は騒乱の様相さえ呈することになり，熱狂の元凶と見なされた娘の語り手たちはしばしば「悪女」とも評されていた．だが，大正期には娘義太夫の人気は急速に翳り始めた．「令嬢」が登場したのは，そうした娘義太夫の人気が凋落し，大衆的な芸能を媒介する空間と技術が変容を遂げていった時期と重なっていた．

みどりは，新聞社によって大規模なメディア・イベントのヒロインに仕立て上げられていった．この「令嬢」がメディア・イベント化されたもっとも象徴的な例に，童謡の「御前演奏」がある．1921年，みどりは，大正天皇第4皇子の澄宮（のちの三笠宮崇仁）の6歳の誕生日を祝って，皇居で童謡を披露した．その様子は，大阪毎日新聞・東京日日新聞の記者によって大々的に取り上げられた．

また，1923年には遣米答礼使節音楽団が組まれ，彼女がそこに加わったことでも，この「令嬢」はメディア・イベント化されていった．音楽団は，

3．「アイドル」としての童謡歌手

関東大震災被災時のアメリカ政府による支援への返礼のために組織されたもので，東京日日新聞の記者と報知新聞社によって結成されたものだった．つまり，はじめからマスコミによるメディア・イベント化が目論まれていた音楽団だったのである．本居親子は，民間外交的な性格をもつ遣米答礼使節音楽団の一員として，ハワイやカリフォルニアに渡って童謡を公演した．

　レコード産業もこの「令嬢」をすぐに起用し，彼女の歌声を吹き込んで，売り出していった．日本蓄音器は，1921年から翌年にかけてみどり吹き込みの新譜レコードをリリースした．このとき発売されたレコードのなかには「御前演奏レコード」も含まれ，「御前演奏」そのままの再現であることが売り文句にされた．前節で言及した森垣二郎は，かねてから本居親子とも親しく，また新作楽曲によってレコードを制作しようとする業界の機運を察知していた人物でもあったから，童謡レコードの吹き込みを積極的に仕掛けていった．みどりの登場以降，童謡歌手として起用された子どもは，メディア産業のなかで商品化されていくようになった．

童謡歌手の産業化

　昭和に入ると，レコード会社の外資化と新設が相次ぎ，各社の競合状況のなかで分業・専属制度と著作権への意識が鮮明になっていった．詩人・作曲家・歌手の三者はレコード会社の専属となり，事実上社員化されていった．例えばビクターは西條八十，音羽時雨，中山晋平，佐々紅華らを抱えて1920年代末からヒット曲を連発し，他社も同様の体制を整えていった．販売網は日本国内のみならず，植民地朝鮮においても整備されていた．

　子どものレコードの生産と流行は一挙に加速した．例えば，1930年1月から1939年11月までにコロムビアが発売したレコードの総制作数は，うえから「流行歌」「浪花節」「子供もの」と「子供もの」が3位であり，「新民謡」「端唄小唄」「ジャズソング」「映画主題歌」よりも上位だった [7]（pp.106-109）．急速に大衆化するレコードにとって，家庭という市場がどれほど大きいものだったかがわかる．録音技術は，家庭空間や子どもをめぐる規範と手を結んでいったのであり，その関係のなかで生み出されていった

コンテンツが童謡をはじめとする「子供もの」だったのだ．

本居みどり以降，村山久子・忠義姉弟，高坂幸子，平井英子などの童謡歌手があとに続いた．レコード会社は，歌のうまい一般の少女をスカウト・選抜し，専属の作曲家に指導させ，社内体制のなかで組織的に歌い手を養成していった．名家の「令嬢」として代替不可能な固有性をもっていたみどりとは異なり，組織的に養成された童謡歌手たちは，工業製品の人形のように量産が可能な少女たちだった．「豆歌手」とも呼ばれた彼らは，舌足らずな声を売りにし，子どもらしさを演じながら，各レコード会社の専属となり新作の楽曲を吹き込んだ．彼らは，子どもでありながらプロの芸人でもあり，なかには父親の3倍から4倍の月収を稼ぐ歌い手もいた[8](p.79)．

童謡歌手は，戦中期においては「少国民」として国威発揚のプロパガンダに動員されたが，戦前に形成された純粋な子ども歌手のイメージは，民主化する戦後の家族意識へと連続していった．そのなかで，川田正子・孝子・美智子三姉妹，安田祥子・章子（のちの由紀さおり）姉妹，伴久美子，渡辺典子，小鳩くるみ，松島トモ子などの少女歌手が現れた．

童謡歌手は，録音スタジオだけでなく，映画，広告，バラエティー・ショー，ラジオ，雑誌グラビアなど多方面で活動して，その人気は1960年代まで続いた．音楽活動を主にした幼い少女の身体性，その歌声と図像の複製，およびメディア・イベント化といった諸特徴は，「アイドル」の基本的な特徴である．これらの特徴はみどりを嚆矢とする童謡歌手によっていち早く体現されていたのである[4]．

また，音羽ゆりかご会，青い鳥児童合唱団，東京放送児童合唱団，仙台放送児童合唱団，杉並児童合唱団などといった児童合唱団も結成され，学校唱歌，童謡，アニメ・ソングなどを吹き込んでいった．野際陽子，倍賞千恵子，吉永小百合のように児童合唱団に所属し，やがて芸能界入りする人物も現れた．1959年の渡辺プロダクションの設立以前，テレビで活躍するタレントには，童謡歌手や，児童合唱団や少女歌劇などの従来の芸能集団でトレーニングを受けた人物が多かったのである．

さらに，1949年に放送が開始された『うたのおばさん』以降は，松田ト

図 6-2　戦後の童謡歌手たち（出典：『現代童謡百曲集』[9]）

シや安西愛子など大人の歌手が新作の童謡を歌うことも一般化していった．そこからやがて「うたのおにいさん・おねえさん」という，子どもの歌だけを専門に歌う，世界的にも特異な職業音楽家のあり方が生まれていった．

　1937 年に生まれた美空ひばりは，そうした従来の童謡歌手や児童合唱団の子ども像から逸脱していった．美空ひばりは，9 歳のとき，NHK の『のど自慢素人音楽祭』に出演して『長崎物語』を歌った．その際，彼女には「子どものくせに変な声を張り上げて，ブギを唄うなどゲテモノ趣味」，「彼女は声帯に異常を来している，一種の畸形児である」などと批判が浴びせられたという[10]（pp.80-83）．こうした批判の背景には，子どもの歌い手は童謡歌手のような「カワイイ」子どものイメージを守るべきだという規範が強固に存在していたものと考えられる．

4. 「カワイイ」歌声はどのように生まれたか

　「令嬢」本居みどりには,『国民新聞』の記事で示されていたように「可憐」という評価が与えられていた．この「可憐」な少女の出現は,「カワイイ」歌声が誕生する画期となった[5]．童謡を歌う歌声に「カワイイ」という意味を見いだし,そのあどけなさに積極的な評価を与えようとする態度は,みどりの登場以前には見られなかったものだったからだ．従来,子どもに求められた歌声とは,溌剌としていること,勢いがあること,賑やかであることであった[11]（pp.105-107）．子どもの歌声といえば,教室や学芸会などで唱和されるような集合的で快活な歌声というイメージがもたれていたのである．

　しかし,みどりによって実現された子どもの独唱コンサートという表現形式は,舞台のうえで一輪だけ咲く花のような少女の身体を現出させた．この身体性を捉える語として適切だったのは,「可憐」という語以外になかった．ましてや,この「令嬢」の「可憐さ」は,「うなる」かのような低い声で「語り」,肩衣や袴を着けた男装した娘義太夫が与えた従来の声のイメージともはっきりと異なっていた[6]．

　みどり以降,童謡歌手が産業化され,歌声が複製技術化されていくと,「カワイイ」声は量産されるようになった．産業化された童謡歌手たちの歌声に「カワイイ」という評価が与えられていったのは,雑誌『レコード音楽』に掲載された音楽教育家の柴田知常による批評記事から明白である．この批評は,1937年から1941年にかけて断続的に連載されたもので,各月の新作の児童レコードを対象として,その歌い方の良否などに言及したものである．ここで柴田は可愛らしい声やあどけない声,一生懸命な態度に好意的な評価を与えていった．つまり,吹き込まれた子どもの未熟な歌声のなかから,「カワイイ」という意味が発見されていったのである．

　童謡歌手たちの「カワイイ」歌声は,「黄色い」や「舌足らずな」という形容が常套句となっていくように,かなり独特である．この発声は,地声で,喉を詰めて歌うために,喉を痛めることが多く,ときには声が出なくなって

しまう危険のある発声法である[12]（pp.118-120）．そのため戦後見直されていくことになるが，もともとは「子どもらしさ」の表現として，1920年代に発明された歌声だった．

童謡歌手の発声法の祖型は，本居みどりにあった．父・長世は，地声は子どもにとって自然な発声法であり，頭声は不自由で苦痛を感じさせる歌い方であると考えていた．長世は，児童の発声法について，「彼等は出来る限りの大声を張り上げて唄ひたいのであります」，「童謡を作曲するに際しては大体彼等の地声が出しうる範囲の音域に書かれねばなりません」と述べている[13]（p.7）．地声は「子どもらしさ」の表現に欠かせないものであった．つまり，童謡を歌う「カワイイ」声は，大人たちの考える自然な子どもらしさを演じるために，意識的に作り込まれた人工的な声だったのである．

しかも，そのようにして発明された子どもの歌声は，電気録音方式が採用される以前の，大正期におけるアコースティック録音という技術にも適合的であった．大正期のアコースティック録音は，音声を電気信号に変換する電気録音とは異なり，機械的な振動を原盤に直接伝達して記録していた．そのため，録音感度が悪く，音声が不鮮明になったり，演者の配列によって音声のバランスが悪くなったりしていた．そのような技術環境のなかでは，頭声よりも地声を張った声のほうが記録されやすかったものと思われる．そして，このような歌い方は童謡歌手の発声法として標準化され，機械に対して即応するように訓練された「カワイイ」歌手たちが叢生していった．子どもの，あるいは女児の身体は，いわばピグマリオンのように訓練され，矯正されていったのである．

5. おわりに

近代日本社会における音響の複製技術が，「カワイイ」歌声を生み出すようになっていったプロセスについて，童謡を主たる事例としながら考察してきた．日本型の近代家族において顕著な特徴となっている子ども中心主義は，レコードという新たなテクノロジーが社会的に受容され，日本社会のなかで

独自のポピュラー音楽を花開かせていくうえでの基本的な要因となったのである．近代日本における「カワイイ」文化の歴史的形成を明らかにするためには，新たなテクノロジーが近代家族的な規範と空間に導かれながら大衆化していくプロセスの考察は欠かせないものである．

もちろん，「カワイイ」文化の生成や変容の全体像を，子どもという問題関心からのみ捉えることには限界もあるだろう．しかし，子どもという補助線を導入することによって得られる歴史的な発見は少なくない．子どもは近代日本における大衆的なメディア文化や音楽文化を系譜的に考察していくうえでの重要な鍵となる[14]．

近代日本社会におけるメディア・テクノロジーやメディア産業の主たる転換は，広い意味での子ども，あるいは「未熟な」存在をめぐる価値意識に導かれながら果たされてきた部分が大きい．例えば，テレビ受信機普及を支えたミッチー・ブーム，ナベプロによるテレビ向け芸能人養成戦略，ロック音楽のグローバルな展開とグループサウンズの流行，「アメリカ」との対峙から生まれたジャニーズ事務所，高校野球の展開形としてのオーディション番組『スター誕生！』とテレビ芸能業界の再編，さらには，インターネット時代の初音ミクなどは，子どもという補助線を引くことで近代日本社会に特徴的な歴史的な問題として眼の前に迫ってくる．子どもの存在は，近代日本の大衆的なメディア文化・音楽文化の核心だったのであり，あらためて子どもという視点からメディア文化・音楽文化の歴史を再構成する必要があるのだ．

謝辞

本稿は，JSPS 科研費 26870168，および 2015 年度学習院大学東洋文化研究所一般研究プロジェクト「日本近世から近代における〈国家〉意識の文化的諸問題とアジア」（代表：遠藤薫）の研究成果の一部である．

あとがき

　本書が生まれるきっかけは，2013年の第5回横幹連合コンファレンスであった．横幹連合コンファレンスとは，横幹連合に参加している学会会員が分野を超えて研究発表を行うもので，この年は「うどん県」で知られる香川県高松の香川大学で開催された．横幹連合では，隔年で横幹連合コンファレンスと総合シンポジウムを交互に開催しており，発表論文のなかからすぐれた論文に，「木村賞」を授与している．2013年度の受賞作が，本書にも執筆いただいている大倉典子氏（芝浦工業大学）の「感性価値としての「かわいい」」であり，審査委員長を務めたのが，筆者の遠藤であった．
　受賞後，大倉氏から遠藤に「感性工学と社会学で何かコラボできるといいですね」とお話しがあった．
　これを受けて，2014年度の第5回横幹総合シンポジウムで，遠藤が「人間社会(2)〜「カワイイ」文化は新技術・新産業を創出するか〜」というセッションをオーガナイズした．セッションは，上記の大倉典子氏（本書第2章），オタク文化に造詣の深い出口弘氏（本書第3章），日本近代の文化変容をテーマとする周東美材氏（本書第6章），そしてグローバル化／デジタル化と文化変容の問題に取り組んでいる遠藤（本書第1章）の4名で構成された．会場での議論には，ゲーム研究の立場から武田博直氏（本書第5章）も加わって，大変に盛り上がった．セッション終了後も，本郷のカレー屋さんでお昼を食べながら，さらに議論はつきることなく続いたのだった．
　「カワイイ」をめぐっての議論は，第5回横幹総合シンポジウムから，さまざまな方向へ発展した．

まずはこの横幹〈知の統合〉シリーズとして成果をまとめることになった．執筆者として，セッション講演者に加え，会場から議論してくださった武田氏，それに，サブカルチャーを産業論の立場から論じておられる田中秀幸氏（本書第4章）にも加わっていただいた．

　2015年4月には，ACM CHI 2015（Conference on Human Factors in Computing Systems）がソウルで開催された．ACMのSIGCHIが主催するCHIは，HCI（ヒューマンコンピュータインタフェース）系の専門の学会のなかで最大規模の学会である．ここで，「カワイイ」のセッションが開かれた．

　2015年6月には，感性工学会で，大倉氏が主催する「カワイイ」のシンポジウムが開かれ，遠藤も特別講演者として招いていただいた．

　さらにその後，情報処理学会から大倉典子氏・菅谷みどり氏に「かわいい」をテーマとした特集企画の依頼があり，情報処理学会の学会誌である『情報処理』2016年2月号に，全体で40ページ近くにも及ぶ特集として掲載された．大倉氏はもちろんのこと，遠藤も社会学の立場から執筆させていただいた．

　また，周東美材氏は，2015年10月，岩波書店から『童謡の近代――メディアの変容と子ども文化』を上梓された．

　「カワイイ」文化が，多くの人にとって，「気にかかる」潮流であるからこそ，このような展開が起こったのだろう．今後は，社会論，文化論，経済産業論などを含め，さらにさまざまな分野をつないで「カワイイ」研究をさらに発展させていきたいと考えている．

　このような，分野を超えた幅広い研究の展開の基盤となるのも，まさに「横幹」研究の優れた特性であり，重要な学問的役割であるのだろう．

　最後に，本シリーズおよび本書刊行にあたっては，東京電機大学出版局編集課の坂元真理さんにたいへんなご尽力をいただいた．深く感謝いたします．

2016年2月

横幹〈知の統合〉シリーズ編集委員会

委員長　遠藤　薫

注

第 1 章

1. Google が提供している，入力した単語の検索数をグラフで示すツール．期間内で最大の検索数を 100 とし，他の時期の検索数を最大数との相対的な値で示している．
2. 「アウラ（aura）」とは，日常語の「オーラ」と同じ言葉で一般的には「人やモノから発散されるえも言われぬ光輝」を意味する．哲学書や思想書では，「アウラ」と表記して，特別な意味を持たせることがある．たとえばドイツの哲学者カントは，「至上の美芸術を芸術たらしめる特性」と捉え，またドイツの思想家ベンヤミンは「一回性，唯一性，いまここ性」を表すのに「アウラ」という言葉を用いた．本稿では，これら先行文献における「アウラ」論を踏まえて，「アウラ的価値」を（　）内に示したような意味で用いている（詳しくは[1][13]など参照）．
3. http://www.oxforddictionaries.com/definition/english/kawaii（2016.1.31 閲覧）．
4. https://www.instagram.com/explore/tags/カワイイ/（2016.2.25 閲覧）．
https://www.instagram.com/explore/tags/cute/（2016.2.25 閲覧）．
5. 小川晴暘『東洋美術特輯 日本美術史 第 4 冊』（http://ja.wikipedia.org/wiki/八部衆#mediaviewer/ファイル:ASURA_Kohfukuji.jpg）．
6. 信多[14]は，大津絵は，「民衆の祈りの表現」としての「絵馬」がその起源の一つではないかと論じている．重要な指摘だろう．
7. 旭正秀『大津絵』口絵第 22 図，内外社，1932（国立国会図書館蔵）．
8. 神奈川大学 21 世紀 COE プログラム『東海道名所図会 絵引データベース』神奈川大学日本常民文化研究所非文字資料研究センター所蔵．
9. "Japan's Top 30 Most Popular Tourist Destinations"，(https://triplelights.

com/blog/156/japans-top-30-most-popular-tourist-destinations-by-tripadvisor (2014)).
「外国人に人気の日本の観光スポット ランキング 2015」(http://tg.tripadvisor.jp/news/ranking/inboundattraction_2015/).

第3章

1. http://www.pixiv.net
2. http://syosetu.com
3. http://herobunko.com/
4. 本稿では，作品の引用は数が多いため文中で作家と作品名（著作名）を述べるにとどめる．書誌情報はこれらから容易にネットで検索できるだろう．
5. http://award.manganime-niigata.jp/
6. http://www.comico.jp/
7. http://www.dnaxcat.net/
8. http://www.f-2.com.tw/
9. http://muffingraphics.net/
10. ネットスラングの一種で，「厨二病」は中2くらいの子どもに見られる自意識や思い込み過剰な言動を示し，「なにそれ？おいしいの？」は，それがどうしたという揶揄の意味で用いられる．

第4章

1. 例えば，「くまモン」は，RJCリサーチ[16]のPRキャラクター総合力で第1位（同第2位はSoftbank社の「お父さん犬」），日本リサーチセンター[17]の好感度ランキングで第2位（同第3位はディズニー社の「ミッキー&フレンズ」），キャラクターデータバンク[18]のキャラクターランキングで第17位（同第19位は「ドラえもん」）．「ひこにゃん」は，RJCリサーチ[16]のPRキャラクター総合力で第5位，日本リサーチセンター[17]の認知度ランキングで第38位（同第39位は「ピーターラビット」）．
2. 「ゆるキャラ」については，ゆるキャラグランプリのウェブサイトの説明では「地域のスター」や「町のゆるキャラさん」という説明に見られるように地域性に着目しているものの（http://www.yurugp.jp/about/），2014年の「企業・そ

の他ゆるキャラ部門」では，その第 1 位が全国理容生活衛生同業組合連合会の「バーバーくん」であるように，実態としては必ずしも特定の地域に限定されていないものもある．本稿での「ゆるキャラ」は「ゆるキャラグランプリ」の中でも，地域性が明確な「ご当地ゆるキャラ部門」に焦点をあてる．以下，注に記載の URL は 2015 年 9 月 5 日時点でアクセスした．
3. ゆるキャラ・グランプリ・オフィシャル・ウェブサイト（http://www.yurugp.jp/about/）による．2015 年ゆるキャラグランプリのエントリー数は 1,720 件（2015 年 9 月 5 日現在）．
4. 一般社団法人日本ご当地キャラクター協会ウェブサイトに掲載されている会員キャラクターの数（海外 2 件を含む）に基づく（http://kigurumisummit.org/character.html）．
5. 後述の定量的分析にあわせて，最新の 2014 年ではなく 2011 年のゆるキャラグランプリを対象に管理部門や誕生年などの調査を行った．
6. 日本銀行熊本支店 [9] では，2013 年 1～10 月を対象に推計を行い，2013 年度くまモン関連予算 2 億円に対して広告効果はその約 25 倍となり，県の PR 事業としての費用対効果は高いと評価している．
7. PR キャラクター・ブランド調査に基づく場合，一般に認知されるには時間を要するなどから，2011 年までに誕生しているローカル・キャラクターであっても 2011 年調査で純粋想起率が高くないものが多数あったために，一定の活動期間を経過した 2013 年調査のものを対象とした．
8. 管理・運営主体は 2011 年時点のものを適用した（2012 年以降の主体の変更は反映していない）．
9. 北海道庁は市町村民経済計算を公表していないので，旭川市のみ同市公表の 2011 年度までのデータを用いた．また，佐賀県の公表データは 2011 年度までのため，唐津市のデータも同年度までとなっている．市町内総生産は，GDP デフレーターで実質化した．
10. 人口は「住民基本台帳年齢別人口（市町村別）」の前年度末のもの（例えば，2005 年度には 2005 年 3 月 31 日現在）を用いた．また，合併があった場合には，合併以降の期間を分析対象とした．
11. 一人当たり国内総生産は，内閣府資料（http://www.esri.cao.go.jp/jp/sna/data/data_list/kakuhou/files/h25/sankou/pdf/hitoriatarigdp20141225.pdf）

の名目値をGDPデフレーターで実質化したもの．
12. 被説明変数を一人当たり市町村内総生産とすることも考えられるが，当該値のバラツキが大きいために，自然対数変換して総人口の項を説明変数に移すことで対応した．本稿の目的は，C_dummy の検証にあることから，このように変形することは特に問題にならない．
13. ハウスマンテストの結果，固定効果を選択している．

第5章

1. セガ・エンタープライゼスの中山隼雄（社長・当時）は，1983年に社長に就任して以来，それまでの薄暗いゲームセンターの雰囲気を嫌って，セガ直営の店舗では，ゲーム機の筐体（きょうたい，本体部分）を，顧客が背中を伸ばして，画面に正対してプレイできる「アップライト」や「ミディタイプ」の筐体に変えさせた．そして，店内の内装も明るく，主として若くて明るい店員が常に店内を巡回している雰囲気にして，施設の呼び名も「ゲームセンター」から「アミューズメントセンター」に変えている．その代表格となった店舗は，1992年開店の「六本木GIGO」だった．ここには，テレビ朝日の収録の合間に，大勢の人気者の芸能人（例えばTOKIOのメンバーたち）がひんぱんに来て，一般の顧客にまじって遊んでいた．安室奈美恵も，マイケル・ジャクソンも，遊びに来ている．あとで詳しく述べるが，ここは，夜が更けるにつれて女性客のグループのほうが目立つオシャレな施設だった．
2. このゲーム機では，モニターを覗き込む位置にプレイヤーが立ってプレイする．画面の中にいるラブとベリーの指示に従って，カードリーダーから（例えば）洋服の絵が付いた「オシャレまほうカード」を読み込ませると，その洋服は，直ちに画面の中の自分の分身が身にまとってくれる．続いて，髪型やアクセサリーのカードを読み込ませれば，それらのアイテムも同様に身につけるので，TPOに合ったコーディネートが完成するのだ．
3. 筆者は，以前はCSKの社長室で社長特命の新規事業開発プロジェクトを担当していたが，北之園英博（CSK副社長・当時）の指示で（本社経営情報システムの開発を中断して）1988年にセガに出向した．セガ研究開発トップの鈴木久司（常務・当時）から「AS-1」（後述）の開発部長を強く勧められたが，事情があり，部長職をセガ社員に譲った．しかし，結果としては，それから20年以上をセガ

のテーマパーク・アトラクション開発部門に所属して，アトラクションの海外展開に必須の輸出通関用「PL 関連英文技術資料」を作成するなどのかたわら，中山（社長）と役員による開発戦略会議に出席してその書記を務めたり，アトラクション技術を解説する学会誌の執筆や講演の，ほぼすべてを引き受けた．講演依頼に際しては梅村宗宏（広報室長）が社内連絡票を作成し，鈴木久司（常務のちに専務）と中村俊一（社長室長・当時）が裁可して，筆者は全国で講演し，例えば，NTT 副社長主催のマーケティング懇談会や大阪工業会の講演などで主催者が印刷した講演の速記録は，（社外向けだが）社内にも回覧した．本稿が執筆できたのは，その講演記録があるからで，元セガの研究開発の人間として，みだりにセガの内情は本来お話しできないのだが，本稿には，それらの講演記録と正式なセガのニュースリリースに基づく内容を記した．

4. どうして，ゲームセンターの店長が女性客の来店を歓迎したのか，それには次のような事情があった．ゲームセンターには，もともと，24 時間の深夜営業の喫茶店から転業してきた店舗も多く，中高生の不良が深夜まで溜まって他の来店客から 100 円玉を脅し取る，という悪いイメージもあった．それで，「風俗営業等の規制及び業務の適正化等に関する法律」（風営法）が 1985 年に施行されたとき，「ゲーム機業界を，深夜営業のキャバレーと一緒にされても困ります」と言っても相手にされず，この法律に則って，深夜の未成年客の閉め出しなどが行われた．そうした背景があったので，ゲームセンターの側では，女性客が訪れて，健全な娯楽施設だと世間に認められることが歓迎されたのだ．

5. 野崎（課長）の秀逸な発想力は，筆者の講演で何度も紹介した．また，上田純美礼『総合アミューズメント企業「セガ」』（メタブレーン，1995）という調査の行き届いた好著にも，詳しく記されている（p.94 など）．

6. 「スクランブル・トレーニング」（1993 年）というのは，8 名の乗員（プレイヤー）が，宇宙戦闘パイロットの飛行訓練を受ける，という設定の下に「AS-1」に乗り込んでみると，突然，実戦にまきこまれてしまい，仕方なく大画面上の戦闘に手元のミサイル発射ボタンを押して応戦しているうちに，気がつくと乗員の一人が宇宙船の操縦まで任されてしまっている，というシューティング・ゲーム型の体感劇場の傑作である．企画（全体の監督）とシナリオを植村が，CG を佐々木建仁が担当した．「スクランブル・トレーニング」などの「AS-1」公式 3 作品は，後の「エヴァンゲリヲン新劇場版」を含めて，驚くほど多くの国内外の SF 映画

（女性客にも人気がある作品）などに大きな影響を与えている．

　92年のツアーの来日時にセガを表敬訪問していたマイケル・ジャクソンは，開発中だった「AS-1」のこの作品に乗って感激し，「ボクも，この作品に出演したい．ノーギャラで良い」と突然言い出して，周囲をあわてさせ，さすがにノーギャラはまずいので，衣装代の名目の破格に安い出演料でそのプロローグのシーンに登場してできた作品が，本作品を少し手直した別バージョンの「Michael Jacksonのスクランブル・トレーニング」である．彼は宇宙船のキャプテン役で，白いコスチュームに身を包んで「皆さん頑張って」と乗員（ファミリー客）を勇気づける．彼は，ディズニーランドの3D大型アトラクション「キャプテンEO」にも出演しており，この種の作品の完成度については熟知しているのだから，彼が出演を強く希望したことは，セガのアトラクション開発技術が世界のテーマパークに肩を並べていることを示すエピソードだったと言えるだろう．

7. ちなみに，郊外型施設の展開を強く会社に提案した野崎は，社長室からの急な呼び出しで行ってみると，中山に誉められ，社長室で「お茶をご馳走される」という稀有な経験をしたそうだ．

8. セガが，カジノに実績があると世間から言われている理由だが，①「六本木GIGO」に「カジノフロア」があったこと．②ラスベガスのカジノホテル「ルクソール」に，ファミリー向けの「AS-1」を設置して運営したこと（このときには搬入口に困り，設置を担当した課長の田村和生はホテルの外壁に大きな穴を開けて貰った）．そして，③ホテル「ルクソール」では，また，トランブルの推薦で，セガの業務用アミューズメントゲーム機を大量に並べたコーナーを設営していたからだった．いずれも，KR-Iゲーム機の開発や運営経験がセガにあったことで得られた実績である（このほかに，セガ・エンタープライゼス設立の前身の会社の一つが，カジノ用マシンを開発・設置していたらしいことも実績とされる）．なお，カジノでの「インタラクティブ性」についての議論が，やや煩雑になることから，ここではカジノ用マシンについての解説を省略する．

　ところで，日本では，例えば，公営の競馬場というシステムを外国から輸入した際に，英国のアスコット競馬場のような（オトナの女性が最新ファッションを見せびらかす）「上流社会の社交場」というギャンブル施設の大切な一面を省いてしまった．それで，競馬やカジノのことは，日本では自己破産の温床のようにだけ言われ続けている．しかし，エリザベス女王も自身が馬主であると公表し

て，それを誇りにしている．カジノだって，本来は，サマセット・モーム原作のヒッチコック映画『間諜最後の日』（1936 年）に描かれているように，オトナの女性が美しいドレス姿で来場する上流社会の社交場として西洋の社会で長くその存在価値を認められてきたのだ．そして，日本では，その雰囲気が唯一，「六本木 GIGO」のカジノコーナーに，一瞬だけ垣間見えたのである．

9. その当時，コンピュータを使って図形を描くなど，一般のコンピュータ開発者や研究者にとっては夢物語にすぎなかった．しかし，サザランドは，学生とはいえクロード・シャノンという情報学の権威の研究室に所属していたので，頭が良いはずだから（容易には信じられないが）とりあえず見てみよう，と信用されて，「スケッチパッド」をデモする機会が与えられた．そのデモは，衝撃的な印象を参加者たちに与えたと伝えられている．

10. この図は，1993 年 12 月の講演会以来，説明のために使っているが，雑誌に掲載して印刷されたのは『日本機械学会誌』1995 年 6 月号の拙稿「ビデオゲームの予測可能な未来」が最初である．ここには，その図を載せたので，「マルチメディアの構成図」と書いてあるのだが，「インタラクティブ・メディアの構成図」とか「バーチャル・リアリティ（VR）の構成図」と呼んでも何ら差し支えはない．図は，同じものになる．ついでに言えば，マルチメディアの場合に出力装置として使われているのは「（比較的小さな）スクリーンとスピーカー」だけなのだが，そこに揺動や触覚などの出力装置（表示装置）を加えて，スクリーンを大きくすれば，（「AS-1」のような）「バーチャル・リアリティ」のシステムができる．十分な紙幅がないので，詳細は別稿に譲る．

11. 2014 年 11 月 30 日の第 5 回横幹連合総合シンポジウム・オーガナイズドセッション「『カワイイ』文化は新技術・新産業を創出するか」における遠藤薫の講演「『可愛い』の思想」より引用．横幹連合ニュースレター No.040 Feb 2015（http://www.trafst.jp/nl/040/profile.html）．

第 6 章

1. 1920 年実施の第一回国勢調査報告を分析した門脇厚司の試算によれば，新中間層は全国の就業者総数の 4 ％だったが，東京府では 12.9 ％に達した [15]（pp.231-232）．
2. 落合恵美子によれば，近代家族の概念は，①家内領域と公共領域の分離，②家族

成員相互の強い情緒的関係, ③子ども中心主義, ④男は公共領域, 女は家内領域という性別分業, ⑤家族の集団性の強化, ⑥社交の衰退, ⑦非親族の排除, ⑧核家族の8点にまとめられるという[16](p.18). 西川祐子はこれに, ⑨この家族の統括者は夫である, ⑩この家族は近代国家の単位とされるという項目を加えた. さらに, 西川は第10項目を独立させて近代家族の定義とし, これによって近代家族は制度であり, 上位集団として近代国民国家があることを明確にした[3] (pp.15-16).

3. 寺出浩司は, 新中間層の家計分析をつうじて, 1922年以降, 保健・衛生, 育児・教育, 交際, 修養・娯楽といった文化的な生活に関連する費目の支出割合が大きく増加していることを指摘している[17](pp.192-197).

4. 1955年の映画『緑はるかに』は, 浅丘ルリ子のデビュー作だったが, この映画は安田祥子が浅丘ルリ子の歌を吹き替えており, 渡辺典子も出演していた. 浅丘ルリ子は, 中原淳一によって見いだされ,「ルリコカット」「ルリコ人形」などで知られる少女アイドルとなっていったが, 童謡歌手の少女性は日活のヒロイン像へと連接していたのである.

5. 「可憐」と「カワイイ」の語義の違いにこだわっていく考察ももちろん重要ではあるが, 本稿では紙幅の都合上, この点に深入りするのは避ける.

6. ただし, 本居みどりが, 日本のポピュラー音楽において特徴的なジェンダー交差歌唱（クロス＝ジェンダード・パフォーマンス）を, もっとも早くから実践した歌い手であることも忘れてはなるまい. 中河伸俊によれば, 流行歌におけるジェンダー交差歌唱の黎明は, 1931年の淡谷のり子『マドロス小唄』（横沢千秋作詩）や1934年の東海林太郎『綾乃の子守歌』（久保田宵司作詩）などの楽曲に求められるという[18](pp.249-251). だが, みどりは, 1920年代初頭において男性が歌の主人公となる童謡『お山の大将』（野口雨情作詩）や『ゴショカライソギ』（澄宮作詩）を歌い, レコード化することによって, 子どもという身体においてジェンダー交差歌唱をすでに実践していた.

参考文献

第 1 章

[1] 遠藤薫『メタ複製技術時代の文化と政治』勁草書房，2009.
[2] 渡辺実（校注）『新日本古典文学大系 25 枕草子』岩波書店，1991.
[3] 佐竹昭広・久保田淳（校注）『新日本古典文学大系 39 徒然草』岩波書店，1989.
[4] 岡倉覚三著，村岡博訳『茶の本』岩波書店，1961.
[5] 谷崎潤一郎『陰翳礼讃』p.22，中央公論新社，1975.
[6] 柳田國男『妖怪談義』p.187，講談社，1977.
[7] 遠藤薫「「招き猫」とは何か──近世都市伝説と始原神，およびその現代的意味」文化資源学会発表，2015.
[8] 遠藤薫編著『グローバリゼーションと文化変容』世界思想社，2007.
[9] 遠藤薫「近世・近代〈日本〉における〈時計〉技術の受容と変容──グローバリゼーションの二重らせん」『学習院大学法学会雑誌』44 巻 1 号，pp.313-358，2008.
[10] 遠藤薫『聖なる消費とグローバリゼーション』pp.19-98，勁草書房，2009.
[11] Vattimo, Gianni and Rovatti, Pier Aldo, (ed.), *Il pensiero debole*, Giangiacomo Feltrinelli Edi-tore, Milano, 1983（上村忠男ほか訳『弱い思考』p.5，法政大学出版局, 2012）.
[12] McLuhan, M., *Understanding Media*, 1964（マーシャル マクルーハン著，栗原裕・河本仲聖訳『メディア論』みすず書房，1987）.
[13] 遠藤薫『廃墟で歌う天使──ベンヤミン『複製技術時代の芸術作品』を読み直す』現代書館，2013.
[14] 信多純一『祈りの文化──大津絵模様・絵馬模様』思文閣出版，2009.

第 2 章

[1] 経済産業省「「感性価値創造イニシアティブ」について」（平成 19 年 5 月 22 日報道発表）.
[2] 四方田犬彦『「かわいい」論』ちくま書房，2006.
[3] 清少納言『枕草子』岩波書店，1962.
[4] K. Belson, and B. Bremner, *Hello Kitty: The Remarkable Story of Sanrio and the Billion Dollar Feline Phenomenon*, John Wiley & Sons, 2004.
[5] S. Kinsella, "Cuties in Japan", L. Skov and B. Moeran, ed., *Women, Media and Consumption in Japan*, University of Hawaii Press, 1995.
[6] 大倉典子・小沼朱莉・青砥哲朗「かわいい人工物の系統的研究（第 2 報）－かわいい感の年齢・性別による比較－」『電子情報通信学会 2008 総合大会講演論文集』p.255, 2008.
[7] M.Ohkura et al., "Systematic Study for "Kawaii" Products (The Second Report) -Comparison of "Kawaii" Colors and Shapes-", *Proc. SICE2008*, Chofu, 2008.
[8] 村井秀聡ほか「かわいい人工物の系統的研究（第 3 報）－かわいい感の 3 次元と 2 次元での比較－」『日本バーチャルリアリティ学会第 13 回大会論文集』2B5-6, 2008.
[9] 大倉典子・後藤さやか・青砥哲朗「バーチャルオブジェクトを利用した「かわいい」色の検討」『日本感性工学会論文集』Vol.8, No.3, pp.535-542, 2009.
[10] 小松剛・大倉典子「かわいい人工物の系統的研究（第 9 報）－visual analog scale を用いた「かわいい」色の評価－」『2010 年度日本人間工学会関東支部第 40 回大会講演集』土 A5-4, pp.46-47, 2010.
[11] 岡崎寿美子ほか「看護における VAS 使用による痛みの評価」『看護展望』Vol.16, No.3, pp.378-383, 1991.
[12] 大倉典子・肥後亜沙美・泉谷聡「かわいい人工物の系統的研究（第 8 報）－かわいい質感に関する実験－」『ヒューマンインタフェース学会研究報告集』Vol.12, No.3, pp.29-32, 2010.
[13] 大倉典子ほか「かわいい人工物の系統的研究（第 14 報）－触素材を用いた「かわいい質感」に関する基礎的検討－」『HCG シンポジウム 2012 講演集』CD-ROM, 2012.

[14] 大倉典子「感性価値としての「かわいい」」1F-2-2，第 5 回横幹連合コンファレンス，2013.

[15] 渡邊淳司・加納有梨紗・清水祐一郎・坂本真樹「触感覚の快・不快とその手触りを表象するオノマトペの音韻の関係性」『日本バーチャルリアリティ学会論文誌』Vol.16, No.3, pp.367-370，2011.

[16] 大倉典子・肥後亜沙美・泉谷聡「かわいい人工物の系統的研究　第 6 報 － かわいい大きさと生体信号の関係 －」『第 10 回計測自動制御学会システムインテグレーション部門講演会論文集』pp.1189-1190，2009.

[17] 山崎陽介・大倉典子「AR を用いた「かわいい」大きさの評価（第 3 報）－ 最もかわいいと評価される大きさ －」『日本バーチャルリアリティ学会第 18 回大会論文集』13A-4，2013.

[18] 大倉典子・ソムチャノク・ティワタンサクン・秋元幸平「かわいいスプーンと高齢者の心拍数」『電子情報通信学会論文誌』Vol.J97-D, No.1, pp.177-180，2014.

[19] 柳美由貴ほか「かわいい画像と心拍の関係」『第 15 回日本感性工学会大会予稿集』B12，2013.

[20] 柳美由貴ほか「かわいい画像と心拍の関係　第 2 報」『第 16 回日本感性工学会大会予稿集』E11，2014.

[21] 古賀令子『「かわいい」の帝国』青土社，2009.

[22] 真壁智治・チームカワイイ『カワイイパラダイムデザイン研究』平凡社，2009.

[23] 櫻井孝昌『世界カワイイ革命』PHP 研究所，2009.

[24] 日本カワイイ博 in 新潟（http://kawahaku.jp/）.

[25] 日本感性工学会かわいい感性デザイン賞（http://kawaii-award.org/）.

第 3 章

[1] 田中優子『江戸はネットワーク』平凡社，2008.

[2] ヴァルター・ベンヤミン著，佐々木基一編『複製芸術論の時代』晶文社，1999.

[3] 出口弘「日本文化の重層性と近代化 序論」『比較文化雑誌』Vol.5, pp.87-102，比較文化研究会，東京工業大学，1991.

[4] エリック・ホブズボウム，テレンス・レンジャー編著『創られた伝統』紀伊国屋書店，1992.

［5］出口弘・田中秀幸・小山友介編著『コンテンツ産業論』東京大学出版会，2009．

［6］出口弘「日本漫画と文化多様性-マンガをめぐる現状と歴史的経緯-」『情報の科学と技術』Vol.64, No.4, pp.122-132, 2014.

［7］出口弘「地獄草紙のカリカチュアとしての勝絵──勝絵に見る日本型コンテンツの文化史」『コンテンツ文化史学会 2014 年大会予稿集』2014．

［8］石ノ森章太郎『墨汁一滴』有限会社 H2O（石ノ森章太郎ふるさと記念館記念出版），2000．

［9］「コミックマーケット年表」（http://www.comiket.co.jp/archives/Chronology.html）．

［10］「コミックマーケット 35 周年調査　調査報告書」（http://www.comiket.co.jp/info-a/C81/C81Ctlg35AnqReprot.pdf）．

［11］霜月たかなか『コミックマーケット創世記』朝日新書，2008．

［12］P.L. バーガー，T. ルックマン著，山口節郎訳『日常世界の構成』新曜社,1977．

［13］井原西鶴『好色五人女』岩波文庫，1959．

［14］井原西鶴『日本永代蔵』岩波文庫，1956．

［15］井原西鶴『世間胸算用』角川文庫，1972．

［16］トルストイ著，中村融訳『アンナ・カレーニナ〈上〉』岩波文庫，1989．

［17］馬場光子『梁塵秘抄口伝集 全訳注』講談社学術文庫，2010．

［18］Iris Marion Young, "Inclusion and Democracy", Oxford Univ Pr on Demand, 2002.

［19］Luc Herman and Bart Vervaeck, *Handbook of Narrative Analysis*, University of Nebraska Press, Lincoln and London, 2005.

［20］ジョック・ヤング著，木下ちがや訳『後期近代の眩暈──排除から過剰包摂へ』青土社，2008．

［21］アダム・スミス著，米林富男訳『道徳情操論〈上・下〉』，1970．

［22］ジョン・ロールズ著，川本隆史・福間聡・神島裕子訳『正義論』2010．

［23］ベンサム，J.S. ミル著，関嘉彦編『世界の名著 49　ベンサム /J.S. ミル』中央公論新社，1979．

［24］放送大学オープンコースウェア「特別講義｜日本漫画と文化多様性〜世界に拡散する絵物語コミュニケーション〜」（http://ocw.ouj.ac.jp/tv/70111021/）．

第 4 章

［1］青木貞茂『キャラクター・パワー：ゆるキャラから国家ブランディングまで』NHK 出版新書，2014.
［2］みうらじゅん『ゆるキャラ大図鑑』扶桑社，2004.
［3］一般社団法人日本ご当地キャラクター協会（http://kigurumisummit.org/）．
［4］みうらじゅん監修『ゆるキャラグランプリ公式ランキング BOOK 2012-2013』扶桑社，2012.
［5］東京市町村自治調査会『ご当地キャラクターの活用に関する調査研究報告書』2015（http://www.tama-100.or.jp, 2015.8.31 閲覧）．
［6］寺山ひかり・田中秀幸「ご当地キャラクター活用実態の変遷に関する考察」『2015 年社会情報学会（SSI）学会大会研究発表論文集』pp.64-69，2015.
［7］熊本県庁チームくまモン『くまモンの秘密：地方公務員集団が起こしたサプライズ』幻冬舎新書，2013.
［8］経済産業省『平成 24 年度地域経済活性化対策調査（地方に経済効果を還元している地域おこしの事例研究調査事業）報告書』2013（http://www.meti.go.jp/meti_lib/report/2013fy/E002905.pdf, 2015.8.31 閲覧）．
［9］日本銀行熊本支店「くまモンの経済効果」2013（http://www3.boj.or.jp/kumamoto/tokubetsu_chosa/20131226kumamon.pdf, 2015.8.31 閲覧）．
［10］七十七銀行「宮城県観光 PR キャラクター「むすび丸」の経済効果に関するアンケート調査の結果について」2013（http://www.77bank.co.jp/pdf/newsrelease/13080501_alw.pdf, 2015.8.31 閲覧）．
［11］松下均「ご当地キャラクター「ぐんまちゃん」の経済効果について」2015（http://www.gunma-eri.or.jp/research/pdf/jisseki201504_1.pdf, 2015.8.31 閲覧）．
［12］坂口香代子「コンテンツツーリズム ゆるキャラ『ひこにゃん』のまち・彦根（滋賀県彦根市）地域資源のブラッシュアップを土台に新たな"お宝"を生み出す地方自治体の挑戦」『中部圏研究：調査季報』No.178, pp.95-107, 2012（http://criser.jp/research/documents/kiho178_95_107.pdf, 2015.8.31 閲覧）．
［13］佐野市「佐野ブランドキャラクター「さのまる」の経済波及効果」2015（http://www.city.sano.lg.jp/kakuka/toshibrand/houkokusyo.pdf, 2016.1.17 閲覧）．
［14］荒木長照・田口順ほか「自治体開発キャラクタのパブリシティ効果の推定：平城遷都 1300 年記念マスコットキャラクタ」『大阪府立大学経済研究』Vol.54,

No.2, pp.55-70, 2008.
［15］Bontis, Nick, "Managing Organizational Knowledge by Diagnosing Intellectual Capital: Framing and Advancing the State of the Field", *International Journal of Technology Management*, Vol.18, No.5-8, pp.433-462, 1999.
［16］RJCリサーチ「PRキャラクター・ブランド調査2013報告書〔要約版〕」2013（https://www.rjc.co.jp/SFsb5KRy/uploads/2014/04/20131127_report.pdf, 2016.1.17閲覧）.
［17］日本リサーチセンター「NRC全国キャラクター調査【Part5:全キャラクター編】」2015（http://www.nrc.co.jp/report/150107.html, 2015.9.7閲覧）.
［18］キャラクター・データバンク『CharaBiz data 2014 ⑬:データで見る，キャラクター商品の戦略と展望』キャラクター・データバンク，2014.

第6章

［1］山田晴通「ポピュラー音楽の複雑性」東谷護編著『ポピュラー音楽へのまなざし――売り・読む・楽しむ』pp.3-26，勁草書房，2003.
［2］増井敬二編著『データ・音楽・にっぽん』民音音楽資料館，1980.
［3］西川祐子『近代国家と家族モデル』吉川弘文館，2000.
［4］瀬地山角『東アジアの家父長制――ジェンダーの比較社会学』勁草書房，1996.
［5］森垣二郎『レコードと50年』河出書房新社，1960.
［6］斎藤佐次郎編輯『金の船』p.94，金の船社，1922（＝斎藤佐次郎監修『雑誌「金の船」=「金の星」復刻版別冊解説』ほるぷ出版，1983）．
［7］日本蓄音器商会編『日蓄（コロムビア）30年史』日本蓄音器商会，1940.
［8］平山美代子『お母さん，どうして?』文芸社，2005.
［9］全音楽譜編集部『現代童謡百曲集』全音楽譜出版社，1955.
［10］本田靖春『「戦後」――美空ひばりとその時代』講談社，1989.
［11］周東美材『童謡の近代――メディアの変容と子ども文化』岩波書店，2015.
［12］川田正子『童謡は心のふるさと』東京新聞出版局，2001.
［13］本居長世「童謡作曲」小松耕輔主幹・北原鉄雄編輯『アルス西洋音楽大講座 第7巻』pp.1-17，アルス，1929.
［14］周東美材「「未熟さ」の系譜――日本のポピュラー音楽と1920年代の社会変動」東谷護編著『ポピュラー音楽から問う――日本文化再考』pp.135-179，せりか書

房，2014.
- [15] 門脇厚司「新中間層の量的変化と生活水準の推移」日本リサーチ総合研究所『生活水準の歴史的分析』pp.213-249，総合研究開発機構，1988.
- [16] 落合恵美子『近代家族とフェミニズム』勁草書房，1989.
- [17] 寺出浩司『生活文化論への招待』弘文堂，1994.
- [18] 中河伸俊「転身歌唱の近代――流行歌のクロス＝ジェンダード・パフォーマンスを考える」北川純子編著『鳴り響く〈性〉――日本のポピュラー音楽とジェンダー』pp.237-270，勁草書房，1999.

索　引

■英数字
3次元物体　19
7段階評価　21, 27
AR　28
cute　5
VAS（Visual Analog Scale）　20

■あ
アート　33, 34, 43
愛玩動物　10
アイデンティティ　38
アウラ的価値　4
悪　47
悪人正機説　7
阿修羅　6
新しい家族　11

異質性　7
一神教　38
異文化の日常性　42
癒されるかわいさ　29, 30
異類婚姻譚　45
色　29
インタラクティブ・メディア　63, 64
インタンジブルズ　54

縁起物　10

大きさ　30

大きな物語　35, 38
大津絵　8
オープンイノベーション　33, 39
オタク　37
オノマトペ　22, 25, 29

■か
拡張現実感　28
カジノフロア　71
過剰包摂　43, 47
画像テクスチャ　21, 22, 29
気質もの　38, 41
形　29
神様の二次創作　45
可憐　83
カワイイ　1, 35, 43, 44, 47
かわいい色　17, 19
かわいい江戸絵画　30
かわいい大きさ　27
かわいい形　19
かわいい感性デザイン賞　30
かわいい質感　17, 21
かわいい触素材　24, 25
かわいい触感　22
かわいいスプーン　29
かわいい大使　30
かわいいは正義　44, 47
かわいくない触素材　24, 25
感性価値　17, 29, 30

感性工学　　17
寛容性　　43, 44, 46

キューピー　　12
共存譚　　45
近代化　　47
近代家族　　79

クイックソート　　23
クール　　15
クール・ジャパン　　15
クール・メディア　　16
寓話的日常系　　42
くまもん　　49, 52, 53, 55

経済効果　　56, 61
経済的価値　　4
経済波及効果　　53

郊外型アミューズメント施設　　63, 68
広義の日常系　　44, 46
広告効果　　53
国民国家　　47
ご当地キャラクター　　50
コミケ　　36
コミックマーケット　　36

さ

彩度　　20

子音　　25
ジェンダー　　41
色相　　29
質感　　29
実話系四コマ　　42
地元経済　　52, 53, 55, 56, 61
社会的価値　　4
ジャポニズム　　12
宗教の世俗化　　10

ジュブナイル　　46
少女歌劇　　80
触素材　　22, 23, 25, 29
触感　　22, 29
シンクレティズム　　35, 45, 47
人工物　　17, 29, 30
心拍　　27
心拍数　　28, 30
神話　　37

少し不思議　　45

生活世界　　34, 40, 44
生活世界の多様性　　43
生活の都市化　　10
正義　　38, 47
清少納言　　4, 18
生体信号　　17, 27, 30
聖地巡礼　　11
世俗化　　47

た

対抗性　　7
大正ロマン　　12
多様な正義の共存　　47
タンジブルズ　　54

地域型日常系　　42
茶の間　　80

ディズニー・キャラクター　　13

東京カワイイTV　　30
東京都府中市美術館　　30
同人　　33, 36
同人即売会　　36
童謡運動　　11
童謡歌手　　82
ドキドキするかわいさ　　29, 30

な

日常系　40
日常性　34, 37, 40, 44, 46
日常性の物語　47
日本型コンテンツ　33, 43
日本カワイイ博 in 新潟　30
日本感性工学会　30

脳波　27

は

バーチャル・リアリティ　74
バーチャル空間　17, 19
排除　47

ピグマリオン　88
ひこにゃん　49, 50
非日常性　34
非排他的な正義　47

不完全性の美学　12
福岡市カワイイ区　30
複製性　34
伏見稲荷大社　9
ブランド　52, 54
分際　38

ペット化　10

母音　25
包摂　43, 47
ホット　16
ポップカルチャー　30
ポピュラー音楽　77

ま

マーシャル・マクルーハン　16
マイケル・ジャクソン　71

枕草子　4, 18
マニア　37
招き猫　9
マンガ　8
漫画　37, 39
マンセルの基本色相　19, 20

未完の美　5
ミッチー・ブーム　89
民画　8

明度　20
メディア・イベント　83

物語　35, 37, 46
物語コミュニケーション　41, 43

や

柳宗悦　8
ヤングアダルト　46

ゆるキャラ　49

四方田犬彦　18
弱い思考　14

ら

ライトノベル　37

リアル・クローズ　43
リトル・ブッダ　13
梁塵秘抄　39

連　33, 35

ローカル・キャラクター　50, 51, 52, 61

編著者紹介

編者

横断型基幹科学技術研究団体連合
横幹〈知の統合〉シリーズ編集委員会

編集顧問	吉川 弘之		横幹連合名誉会長（2008～） 国立研究開発法人科学技術振興機構特別顧問（2015～）
	木村 英紀		横幹連合元会長（2009～2013） 早稲田大学理工学術院招聘研究教授（2014～）
	出口 光一郎		横幹連合会長（2011～） 東北大学名誉教授（2014～）
編集委員会 委員長	遠藤 薫		横幹連合副会長（2013～） 学習院大学法学部教授（2003～），同政治学研究科委員長（2015～），日本学術会議会員（2014～）
編集委員会 委員	鈴木 久敏		横幹連合元副会長（2008～2009，2013～2014） 大学共同利用機関法人情報・システム研究機構監事（2015～）
	安岡 善文		横幹連合元副会長（2010～2013） 科学技術振興機構 SATREPS（地球規模課題対応研究プログラム）研究主幹（2011～），国際環境研究協会環境研究総合推進費等研究主監（2015～）
	舩橋 誠壽		横幹連合副会長（2015～） 北陸先端科学技術大学院大学知識科学研究科シニアプロフェッサー（2012～）

吉川 弘之（よしかわ・ひろゆき）［編集顧問］

横幹連合	会長（2003 ～ 2007），名誉会長（2008 ～）．
所属学会	精密工学会 元会長．
最終学歴	東京大学工学部精密工学科卒業（1956），工学博士（1964）．
職　歴	三菱造船入社（1956），株式会社科学研究所（現 理化学研究所）入所（1956），東京大学工学部助教授（1966），英国バーミンガム大学客員研究員（1967），東京大学学長補佐（1971），ノルウェー国立工科大学客員教授（1977），東京大学工学部教授（1978），同評議員（1987），同工学部長（1989），同学長特別補佐（1991），同総長（1993），文部省学術国際局学術顧問（1997），日本学術会議会長（1997），日本学術振興会会長（1997），放送大学長（1998），国際科学会議会長（1999），独立行政法人産業技術総合研究所理事長（2001），独立行政法人科学技術振興機構研究開発戦略センターセンター長（2009），日本学士院会員（2014）．
現　在	国立研究開発法人科学技術振興機構特別顧問（2015 ～）．
主な著書	『信頼性工学』（コロナ社，1979），『ロボットと人間』（日本放送出版協会，1985），『テクノグローブ』（工業調査会，1996），『テクノロジーと教育のゆくえ』（岩波書店，2001），『科学者の新しい役割』（岩波書店，2002），『本格研究』（東京大学出版会，2009）．

木村 英紀（きむら・ひでのり）［編集顧問］

横幹連合	副会長（2005 ～ 2009），会長（2009 ～ 2013）．
所属学会	計測自動制御学会 元会長．
最終学歴	東京大学工学系大学院博士課程（1970），工学博士．
職　歴	大阪大学基礎工学部助手，助教授（1970 ～ 1986），同工学部教授（1986 ～ 1995），東京大学工学部教授（1995 ～ 2000），同新領域創成科学研究科教授（2000 ～ 2004），理化学研究所バイオミメティックコントロール研究センター生物制御研究室長（2002 ～ 2009），同 BSI 理研トヨタ連携センター長（2009 ～ 2013），科学技術振興機構研究開発戦略センター上席フェロー（2009 ～ 2015）．
現　在	早稲田大学理工学術院招聘研究教授（2014 ～）．
主な著書	『ロバスト制御』（コロナ社，2000），『制御工学の考え方』（講談社ブルーバックス，2002），『ものつくり敗戦』（日本経済新聞出版社，2009），『世界を制する技術思考』（講談社，2015）．

出口 光一郎（でぐち・こういちろう）［編集顧問］
　横幹連合　　理事（2003〜2010），会長（2011〜）．
　所属学会　　計測自動制御学会，情報処理学会，電子情報通信学会，日本ロボット学会，形の科学会，IEEE.
　最終学歴　　東京大学大学院工学系研究科修士課程修了（1976），工学博士．
　職　　歴　　東京大学工学部助手，講師，山形大学工学部助教授（1976〜），東京大学工学部計数工学科助教授（1988），東北大学情報科学研究科教授（1999）．
　現　　在　　東北大学名誉教授（2014〜）．
　主な著書　　『コンピュータビジョン』（丸善，1989），『画像と空間——コンピュータビジョンの幾何学』（昭晃堂，1991），『ロボットビジョンの基礎』（コロナ社，2000），『画像認識論講義』（昭晃堂，2002），『Mathematics of Shape Description: A Morphological Approach to Image Processing and Computer Graphics』（John Wiley & Sons，2008），『センシングのための情報と数理』（共著，コロナ社，2008）．

遠藤 薫（えんどう・かおる）［編集委員会委員長］
　横幹連合　　副会長（2013〜），理事（2007〜）．
　所属学会　　社会情報学会 副会長（日本社会情報学会 元会長），日本社会学会 理事，社会学系コンソーシアム 理事長，情報通信学会 元副会長，シミュレーション＆ゲーミング学会，数理社会学会，文化資源学会，日本マス・コミュニケーション学会，日本ポピュラー音楽学会．
　最終学歴　　東京工業大学大学院博士後期課程修了（1993），博士（学術）．
　職　　歴　　信州大学人文学部助教授（1993），東京工業大学大学院社会理工学研究科助教授（1996）．
　現　　在　　学習院大学法学部教授（2003〜），同政治学研究科委員長（2015〜），日本学術会議会員（2014〜）．
　主な著書　　『電子社会論』（実教出版，2000），『インターネットと〈世論〉形成』（編著，東京電機大学出版局，2004），『間メディア社会と〈世論〉形成』（東京電機大学出版局，2007），『社会変動をどう捉えるか1〜4』（勁草書房，2009〜2010），『大震災後の社会学』（編著，講談社，2011），『メディアは大震災・原発事故をどう語ったか』（東京電機大学出版局，2012），『廃墟で歌う天使』（現代書館，2013），『間メディア社会における〈ジャー

ナリズム〉』(編著,東京電機大学出版局,2014),『ソーシャルメディアと〈世論〉形成』(編著,東京電機大学出版局,2016(予定)),ほか多数.

鈴木 久敏(すずき・ひさとし)[編集委員会委員]
- 横幹連合　理事(2004～2007,2015～2016),副会長(2008～2009,2013～2014),監事(2010).
- 所属学会　日本オペレーションズ・リサーチ学会 元理事,日本経営工学会 元副会長.
- 最終学歴　東京工業大学大学院(1976).
- 職　　歴　東京工業大学助手(1976～1988),筑波大学助教授,教授,研究科長,理事・副学長(2009～2013),独立行政法人科学技術振興機構研究開発戦略センター特任フェロー,フェロー(2013～2015).
- 現　　在　大学共同利用機関法人情報・システム研究機構監事(2015～).
- 主な著書　『整数計画法と組合せ最適化』(編著,日科技連出版社,1982),『オペレーションズ・リサーチⅠ』(共著,朝倉書店,1991),『ビジネス数理への誘い』(共著,朝倉書店,2003),『マーケティング・経営戦略の数理』(共著,朝倉書店,2009).

安岡 善文(やすおか・よしふみ)[編集委員会委員]
- 横幹連合　副会長(2010～2013),監事(2013～).
- 所属学会　日本リモートセンシング学会 会長,日本写真測量学会,計測自動制御学会,環境科学会,米国電気電子工学会(IEEE),ほか.
- 最終学歴　東京大学大学院工学系研究科計数工学専攻博士課程修了(1975),工学博士.
- 職　　歴　国立環境研究所総合解析部総合評価研究室長(1987),同社会環境システム部情報解析研究室室長(1990),同地球環境研究センター総括研究管理官(1996),東京大学生産技術研究所教授(1998),独立行政法人国立環境研究所理事(2007).
- 現　　在　科学技術振興機構 SATREPS(地球規模課題対応研究プログラム)研究主幹(2011～),国際環境研究協会環境研究総合推進費等研究主監(2015～),ほか.

舩橋　誠壽（ふなばし・もとひさ）［編集委員会委員］

横幹連合	理事（2009 〜），事務局長（2010 〜 2014），副会長（2015 〜）.
所属学会	計測自動制御学会 名誉会員・フェロー，電気学会 終身会員・フェロー，日本知能情報ファジィ学会 名誉会員.
最終学歴	京都大学大学院工学研究科数理工学専攻修士課程修了（1969），京都大学工学博士（1990）.
職　　歴	株式会社日立製作所（1969 〜 2010），中央研究所，システム開発研究所で研究員，主任研究員，主管研究員，主管研究長等を歴任，京都大学大学院情報学研究科数理工学専攻応用数理モデル分野客員教授（2003 〜 2008），独立行政法人国立環境研究所監事（2007 〜 2011）.
現　　在	北陸先端科学技術大学院大学知識科学研究科シニアプロフェッサー（2012 〜）.
主な著書	『ニューロコンピューティング入門』（オーム社，1992），『システム制御のための知的情報処理』（共著，朝倉書店，1999），『ネットベースアプリケーション』（編著，裳華房，2002），『横断型科学技術とサービスイノベーション』（共編著，近代科学社，2010）.

著者（執筆順）

遠藤 薫（えんどう・かおる）［はじめに，第1章，あとがき］
- 横幹連合　副会長（2013～），理事（2007～）．
- 所属学会　社会情報学会 副会長（日本社会情報学会 元会長），日本社会学会 理事，社会学系コンソーシアム 理事長，情報通信学会 元副会長，シミュレーション＆ゲーミング学会，数理社会学会，文化資源学会，日本マス・コミュニケーション学会，日本ポピュラー音楽学会．
- 最終学歴　東京工業大学大学院博士後期課程修了（1993），博士（学術）．
- 職　歴　信州大学人文学部助教授（1993），東京工業大学大学院社会理工学研究科助教授（1996）．
- 現　在　学習院大学法学部教授（2003～），同政治学研究科委員長（2015～），日本学術会議会員（2014～）．
- 主な著書　『電子社会論』（実教出版，2000），『インターネットと〈世論〉形成』（編著，東京電機大学出版局，2004），『間メディア社会と〈世論〉形成』（東京電機大学出版局，2007），『社会変動をどう捉えるか1～4』（勁草書房，2009～2010），『大震災後の社会学』（編著，講談社，2011），『メディアは大震災・原発事故をどう語ったか』（東京電機大学出版局，2012），『廃墟で歌う天使』（現代書館，2013），『間メディア社会における〈ジャーナリズム〉』（編著，東京電機大学出版局，2014），『ソーシャルメディアと〈世論〉形成』（編著，東京電機大学出版局，2016（予定）），ほか多数．

大倉 典子（おおくら・みちこ）［第2章］
- 横幹連合　事業・広報・出版委員会幹事（2003～2008），第1回横幹連合コンファレンスプログラム委員長（2005），会誌編集委員会副委員長（2008～2010），代議員（日本バーチャルリアリティ学会）（2010～2014）．
- 所属学会　計測自動制御学会 元理事・元代議員等，日本バーチャルリアリティ学会 元理事・第20回大会長・評議員等，ヒューマンインタフェース学会 元理事・評議員等，日本感性工学会 第11回大会実行委員長・理事・かわいい感性デザイン賞選考委員長，日本人間工学会 関東支部第41回大会長・評議員等．

最終学歴	東京大学大学院工学系研究科博士後期課程修了（1995），博士（工学）.
職　　歴	株式会社日立製作所中央研究所（1979 〜），日立超 LSI エンジニアリング株式会社（1984 〜），株式会社ダイナックス（1986 〜），芝浦工業大学（1999 〜）.
現　　在	芝浦工業大学工学部教授（1999 〜），同学長補佐（2015 〜），日本学術会議会員.
主な著書	『Emotional Engineering: Service Development』（共著，Springer, 2011），『人を幸せにする目からウロコ！研究』（共著，岩波書店，2014），『Industrial Applications of Affective Engineering』（共著，Springer, 2014）.

出口 弘（でぐち・ひろし）[第 3 章]

所属学会	日本シミュレーション＆ゲーミング学会 会長，社会経済システム学会 理事，科学基礎論学会 評議員，国際プログラム＆プロジェクトマネージメント学会 理事.
最終学歴	東京工業大学総合理工学研究科システム科学専攻博士課程修了，理学博士（1986），経済学博士，京都大学経済学研究科（2001）.
職　　歴	福島大学経済学部助手（1987），福島大学行政社会学部助手（同），日国際大学松下図書情報センター助教授（1989），国際大学グローバルコミュニケーションセン助教授，専任研究員（1991），中央大学商学部助教授（1995），京都大学経済学部助教授（1997）.
現　　在	東京工業大学総合理工学研究科知能システム科学専攻教授（2001 〜）.
主な著書	『複雑系としての経済学』（共著，日科技連出版社，2000），『Economics as an Agent Based Complex System』（Springer-Verlag, 2004），『コンテンツ産業論』（編著，東京大学出版会，2009），『エージェントベースの社会システム科学宣言——地球社会のリベラルアーツめざして』（共著，勁草書房，2009）.

田中 秀幸（たなか・ひでゆき）[第 4 章]

横幹連合	理事（2011 〜 2013）.
所属学会	社会情報学会 副会長，社会・経済システム学会 理事，日本経済政策学会 理事.
最終学歴	Master of Arts, The Fletcher School of Law and diplomacy, Tufts

	University（1994）．
職　　歴	通商産業省（1986 ～ 2000），東京大学社会情報研究所助教授（2000 ～ 2004），同大学院情報学環助教授（2004 ～ 2006），同准教授（2006 ～ 2009）．
現　　在	東京大学大学院情報学環教授（2009 ～）．
主な著書	『Digital Economy and Social Design』（分担執筆，Springer，2006），『コンテンツ産業論——混淆と伝播の日本型モデル』（共編著，東京大学出版会，2009），『The Economics of Information Security and Privacy』（共著分担執筆，Springer，2013）．

武田　博直（たけだ・ひろなお）［第 5 章］

横幹連合	広報・出版委員会委員（2005 ～），横幹連合ニュースレター編集室長（2005 ～）．
所属学会	日本バーチャルリアリティ学会 評議員・VR フェロー．
最終学歴	神戸大学海事科学部卒業（1976）．
職　　歴	株式会社 CSK 社長室新規事業開発担当（1984 ～ 1988），株式会社セガ・エンタープライゼス新規事業開発マネージャー（1988 ～ 2011），群馬大学社会情報学部非常勤講師（1998 ～ 1999）．
現　　在	VR コンサルタント代表（2011 ～）．

周東　美材（しゅうとう・よしき）［第 6 章］

所属学会	日本社会学会，日本音楽学会，日本ポピュラー音楽学会．
最終学歴	東京大学大学院学際情報学府修了，博士（社会情報学）（2013）．
職　　歴	日本学術振興会特別研究員 PD（2010 ～ 2013），成城大学非常勤講師（2010 ～），東京音楽大学非常勤講師（2011 ～），学習院大学非常勤講師（2013 ～），首都大学東京非常勤講師（2014 ～）ほか．
現　　在	東京大学大学院情報学環特任助教（2015 ～）．
主な著書	『童謡の近代——メディアの変容と子ども文化』（岩波書店，2015），『路上のエスノグラフィ——グラフィティからちんどん屋まで』（共著，せりか書房，2007），『拡散する音楽文化をどうとらえるか』（共著，勁草書房，2008），『ポピュラー音楽から問う——日本文化再考』（共著，せりか書房，2014），『文化社会学の条件——20 世紀日本における知識人と大衆』（共著，日本図書センター，2014）．

【横幹〈知の統合〉シリーズ】
カワイイ文化とテクノロジーの隠れた関係

2016 年 4 月 10 日　第 1 版 1 刷発行　　　ISBN 978-4-501-62960-1 C3000

編　者	横幹〈知の統合〉シリーズ編集委員会
著　者	遠藤薫・大倉典子・出口弘・田中秀幸・武田博直・周東美材
	©TraFST "Knowledge Integration" Series Editorial Board,
	Endo Kaoru, Ohkura Michiko, Deguchi Hiroshi, Tanaka Hideyuki,
	Takeda Hironao, Shuto Yoshiki 2016
発行所	学校法人　東京電機大学　　〒120-8551　東京都足立区千住旭町 5 番
	東京電機大学出版局　　　　〒101-0047　東京都千代田区内神田 1-14-8
	Tel. 03-5280-3433（営業） 03-5280-3422（編集）
	Fax. 03-5280-3563　振替口座 00160-5-71715
	http://www.tdupress.jp/

JCOPY ＜(社)出版者著作権管理機構 委託出版物＞

本書の全部または一部を無断で複写複製（コピーおよび電子化を含む）することは，著作権法上での例外を除いて禁じられています。本書からの複製を希望される場合は，そのつど事前に，(社)出版者著作権管理機構の許諾を得てください。
また，本書を代行業者等の第三者に依頼してスキャンやデジタル化をすることはたとえ個人や家庭内での利用であっても，いっさい認められておりません。
［連絡先］Tel. 03-3513-6969，Fax. 03-3513-6979，E-mail：info@jcopy.or.jp

組版：徳保企画　　印刷：(株)加藤文明社　　製本：渡辺製本(株)
装丁：小口翔平＋岩永香穂（tobufune）
落丁・乱丁本はお取り替えいたします。　　　　　　　　　　　Printed in Japan